ELOGIOS PARA
DIOS ES REAL

"Conozco a Todd en tiempos de éxito y desafío, en tiempos de fe y de miedo. Y en todos esos momentos, me ha impresionado como alguien que se sienta a los pies de Jesús. En sus oraciones y su profesión, hace real vivir la vida cristiana. DIOS ES REAL no es solo reflejo, es experiencia. E inspira".

—Randall Wallace, director de la película *El cielo es real*

"Con DIOS ES REAL, Todd Burpo crea una poderosa guía a las preguntas frecuentes de la vida sobre Dios, la fe y la esperanza. ¡Cualquiera que tenga preguntas persistentes acerca de Dios, su plan y lo que significa para su vida, encontrará en este libro las respuestas que ha estado buscando".

—DeVon Franklin, autor de éxitos de ventas del New York Times y productor de la película *Milagros del cielo*

"En *El cielo es real*", Todd Burpo compartió la historia de su hijo acerca del cielo, y nos mostró cómo es el cielo en realidad. Ahora nos da otra obra maestra en su nuevo libro, DIOS ES REAL. En él, responde las preguntas difíciles con respecto a Dios, su rol en nuestras vidas, por qué permite que sucedan cosas malas y ¡muchas más! Este libro seguramente lo ayudará a comprender mejor cuán real es Dios en nuestras vidas cotidianas".

—Robert Morris, pastor principal fundador de Gateway Church y autor de éxitos de ventas de *Una vida de bendición*, *El Dios que nunca conocí*, *Verdaderamente libres*, y *Frecuencia*

"El dolor puede sentirse como una prisión. . . un callejón sin salida del cual no hay alivio ni escape. DIOS ES REAL devela su potencial para abrir puertas a conversaciones cruciales sobre Dios y con Dios. No respuestas simplistas, sino las crudas realidades de la esperanza en medio del dolor".

—Wayne Schmidt, superintendente general de Wesleyan Church y autor de *Surrender*

"Aquí está... preguntas difíciles que recorren las mentes de la mayoría de las personas, pero ellas tienen miedo a preguntar. Las respuestas a estas preguntas no son las respuestas típicas. Es un poderoso tejido de experiencia personal, lucha honesta y auténtica con las preguntas, y una nueva mirada a las Escrituras para encontrar las respuestas. Me encontré pasando rápidamente una página tras otra... es una nueva perspectiva irresistible, meditada, y me hizo amar a Dios aún más".

—Jo Anne Lyon, embajadora, superintendente general emérita de Wesleyan Church, y fundadora de World Hope International

"¡El pastor Todd Burpo lo hace de nuevo! Nunca olvidaré que mi corazón fue arrancado mientras leía las páginas de *El cielo es real*. Aquí estamos otra vez en DIOS ES REAL, descubriendo más verdades prácticas sobre la vida con la eternidad en mente. Como muchas cosas que Dios hace en nuestras vidas, primero tenemos una experiencia y nuestro entendimiento tiene que ponerse al día. Si *El cielo es tan real* cautivó tu corazón como lo hizo con el mío, DIOS ES REAL te equipará para aprender por qué".

—Marcus Mecum, pastor de la iglesia Seven Hills

DIOS ES REAL

Y ANHELA CONTESTAR
TUS PREGUNTAS
MÁS DIFÍCILES

TODD BURPO

CON DAVID DRURY

WHITAKER
HOUSE
Español

Traducido y editado por: Ofelia Pérez

Dios es real
Y anhela contestar tus preguntas más difíciles
Publicado originalmente en inglés bajo el título *Heaven Is Real* por Faith Words, una división de Hachette Book Group, Inc.

ISBN: 978-1-64123-090-2
eBook ISBN: 978-1-64123-091-9
Impreso en los Estados Unidos de América
© 2018 por Todd Burpo

Whitaker House
1030 Hunt Valley Circle
New Kensington, PA 15068
www.whitakerhouse.com

1 2 3 4 5 6 7 8 9 10 11 12 ய 25 24 23 22 21 20 19 18

CONTENIDO

1. YO NECESITO UN DIOS GRANDE..9
    Mi vida está desordenada. ¿A cuál Dios necesito para arreglar mi desastre?

2. CONSEGUIR TU ATENCIÓN 17
    ¿Por qué debería estar interesado en toda esta charla de Dios?

3. NUEVA VIDA EN NEWTOWN 25
    *¿Puedo hacer algo respecto a la maldad negra y
    fea que existe en el mundo, aun en mí?*

4. NO PERFECTO, TAN SOLO DEDICADO 37
    ¿Qué es lo que Dios realmente quiere de mí?

5. OCULTAR (CULPAR) Y BUSCAR 51
    *La honestidad completa es difícil para mí. ¿Puede Dios manejar
    los pensamientos que escondo de todos los demás?*

6. ECLESIÁSTICOS...63
    *¿Está bien que no me gusten las personas hipócritas de la iglesia?
    ¿Hay alguna defensa sobre cómo tratan a las personas?*

7. PENSAR EN MÍ 79
    No pienso mucho acerca de Dios; ¿Él piensa mucho acerca de mí?

8. LA SERPIENTE TODAVÍA ATACA 95
    *Entiendo que las personas hacen cosas malas,
    pero, ¿no es así como siempre es?*

9. EL DIOS IMPOPULAR 107
    Entiendo la idea del Cielo, pero, ¿por qué hablar tanto acerca de Jesús?

10. MI MAYOR ORACIÓN SIN RESPUESTA 121
    *¿Por qué Dios parece no responder algunas de
    mis oraciones más importantes?*

11. LA GRAN IMPORTANCIA DE LA CRUZ 135
    *He visto espectáculos y pinturas de Jesús muriendo en una cruz ungida...
    es una tortura. ¿Por qué la cruz es tan importante para los cristianos?*

12. PROGRESAR O MORIR 151
   Voy a la iglesia, pero ¿por qué no funciona para mí?

13. REINOS PEQUEÑOS 163
   ¿Pueden Dios y la política mezclarse?

14. CAMBIAR DE LADOS 175
   ¿Estoy demasiado lejos para volver a Dios? ¿Cancela Dios a las personas?

15. EL FINAL… DE TI MISMO 187
   *¿Cuánto de Dios necesito en mi vida? ¿No puedo tan
   solo tener una "pequeña" religión en mí?*

16. GUARDAR LA ESPALDA DE DIOS RESPECTO A LA VERDAD 195
   ¿Realmente Dios necesita que hable con otros sobre él?

17. RETENER LA CURA 203
   ¿No puedo mantener mi fe como un asunto privado?

18. HECHO EN LA PRÁCTICA 213
   *¿Qué hay de toda la dificultad y todo el dolor en
   mi vida? ¿Qué hace Dios acerca de eso?*

19. DIOS INCRIMINADO 223
   *Si Dios es tan grande, ¿por qué no aplasta al mal
   en este momento? ¿Por qué no interviene?*

20. ¿DIOS EN TODAS LAS PERSONAS? 237
   Yo debería buscar lo mejor en las personas, ¿verdad?

21. LOS PASOS SIGUIENTES 245
   ¿Qué debería hacer ahora? ¿Qué sigue para mí?

22. ÚLTIMAS PALABRAS 259
   ¿Qué estás tratando de decirme?

NOTAS 265

ACERCA DE LOS AUTORES 271

1

YO NECESITO UN DIOS GRANDE

Mi vida está desordenada. ¿A cuál Dios
necesito para arreglar mi desastre?

Soy ese individuo de pueblo pequeño que está más cómodo ensuciándose las manos trabajando en una puerta del garaje, que escribiendo en el teclado de la computadora. También preferiría responder a un buscapersonas de emergencia o a una sirena de incendios con mis compañeros bomberos, que caminar en un escenario para enfrentar a una multitud de personas.

Cuando una familia llora de dolor o de indignación en el hospital ante la cama de un miembro de la familia, tengo una sensación de pertenencia. Puede ser incómodo y doloroso, pero algo dentro de mí dice que pertenezco a las situaciones "sucias": los traumas y las luchas de la vida. No es solo la sensación de ser necesario o útil lo que me lleva a esos lugares. También es un sentido de entendimiento. El dolor es el humillante ecualizador de la humanidad. Rico o pobre, saludable o enfermo, todos eventualmente lo experimentamos. De una forma u otra, todas nuestras manos se ensucian.

Así que trabajo con personas y me ensucio. No solo eso, ¡yo estoy sucio! Yo vivo allí, en medio de las emociones, el dolor y las preguntas con las que también luchan todos los demás. La vida es dura, y las soluciones rápidas, limpias, al estilo "felices para siempre" de Disney World que las personas se pasan de unas a otras, a veces me ofenden profundamente. Esto es especialmente cierto acerca de las respuestas baratas y adecuadas que provienen de algunos cristianos. Es como si vivieran con una desconexión ciega entre este mundo y su mundo de "fe". Prefiero que todos seamos *reales* en cuanto a estas cosas.

Mi viaje ha sido difícil. Ha sido torcido. A veces siento que me muevo en círculos, sin saber cómo superar los desafíos de la vida y ver el significado de todo.

Y luego Dios.

Sí, solo *Él*. Dios tiene una manera de meterse en mi desorden y de traerme lo que nunca podría agarrar por mi cuenta.

Sé que parte de la historia de mi vida ha sido exhibida públicamente por el libro y la película *El cielo es real*. ¡Fue tan incómodo! Supongo que Dios todavía se está riendo de mí mientras me retuerzo incluso ahora, solo de pensarlo. Debo decir que todavía estoy sorprendido de la interpretación que el actor Greg Kinnear hizo de mí. No sé cómo me observó tan rápido o si Dios le dio ayuda especial o ambas cosas, pero mostró mi lucha de manera justa y francamente realista. El verdadero Todd Burpo tiene muchos de esos problemas, muchos de ellos.

Si eres como yo, te has preguntado en voz alta acerca de la fuente de los problemas de la vida. He sido aplastado personalmente en ocasiones, al ver que personas lidian con heridas mucho mayores que las mías. Gracias a ellos vivo con una sensación de gratitud porque mis problemas no son tan malos en comparación.

Entonces, ¿qué concluyo? ¿Soy yo? ¿O es Dios? ¿O está más allá de mí siquiera entenderlo todo? Pero, ¿qué hago cuando Dios no hace lo que pensé que debería haber hecho?

Cuando éramos niños, todos hacíamos preguntas, montones de ellas. Ser padre te recuerda lo impresionante de la vida cuando tu pequeño comienza a pedir explicaciones y salta de emoción en el siguiente gran acontecimiento que la vida le presenta. Pero ahora somos mayores, y la vida ya no es tan inocente como antes. Nos guardamos los problemas porque nuestras preguntas son ahora más difíciles de responder, y las respuestas mismas son más difíciles de comprender.

En estos días, sin embargo, no solo encuentro niños haciéndome preguntas difíciles; he conocido a personas de todo el mundo que me preguntan sobre las partes rotas de sus vidas, y se preguntan en voz alta si Dios es lo suficientemente grande como para lidiar con la suciedad y el daño que enfrentan. ¿O está demasiado distante incluso para preocuparse por sus problemas en primer lugar? Ellos simplemente no saben. Entiendo su dolor. Yo también he hecho esas mismas preguntas.

Llevo la angustia de enterrar a un ser querido. Tengo las cicatrices de la traición de personas en quienes confiaba como amigos. Han mentido sobre mí, se han burlado de mí, y han maquinado contra mí. ¿Dónde está Dios en mi ayer, mi hoy y mi mañana? ¿Dónde está él en toda esta suciedad y desastre?

Una cosa que aprendí es a buscar su presencia en el dolor. En lugar de tratar de obtener una respuesta para que las cosas tengan sentido, busco su presencia en las cosas que no tienen sentido. Si lo busco y soy sensible a Él, lo encuentro allí de maneras significativas. Aparentemente, Dios se ensucia las manos igual que yo.

Tal vez es por eso que siento que pertenezco allí, a la tierra. Dios no tiene miedo de ser encontrado allí. Lo encuentro más listo y dispuesto a responder a las partes rotas y duras de las vidas de las personas, que a la pulcritud y la coordinación de un servicio agradable y bonito de la iglesia.

¿Podría ser que Dios es tan grande que nuestra suciedad no le molesta tanto como a nosotros? ¿Podría ser que Dios no está tan desconcertado por mis fracasos y preguntas como yo creo que está? ¿Y podría ser que incluso se ría suavemente de mí cuando me enojo?

Recuerdo lo que solía decir a mis hijos durante sus berrinches: "¿Ya terminaron?". Les recordaba que el padre era yo. Sí, es posible que me haya enojado con ellos a veces. Pero ninguno de sus ataques alguna vez amenazó mi amor por ellos. Yo hacía lo que hace "la gente grande" (como hablan de nosotros los niños pequeños).

La vida de mi amigo John cambió cuando trajo a esta "gente grande", (refiriéndose a Dios), a su vida. Su lucha fue el alcohol.

Lo consumió.

Después de años de quebranto, un día vi a John en una tienda de comestibles y estaba emocionado. Anunció que había encontrado a Cristo y que todo era diferente. John recuerda lo que le dije ese día, aunque yo mismo lo olvidé. Creo que fue uno de esos momentos en que Dios simplemente se hizo cargo.

John me cuenta que dije: "Recuerda, estás *mejor* ahora, pero no eres *mejor* que nadie".

Porque es ahí donde muchos de nosotros nos desanimamos cuando las personas nos hablan de Dios, ¿no es así? En ese momento sentimos que nos miran por encima del hombro mientras nos hablan de Dios. Luego nos alejamos de esa persona y de Dios en lugar de inclinarnos hacia adelante para pensar en lo que Dios podría hacer en nuestras propias vidas. Cuando las personas tienen esta actitud, no suena como el Jesús de quien hemos escuchado o a quien quisiéramos seguir. Cuando intentas pedir ayuda con los problemas que estás atravesando, muchas de las personas que parecían preocuparse se vuelven desinteresadas rápidamente, o desanimadas por la suciedad y el desorden.

Experiencias como esa pueden dejarnos con un mal sabor en nuestras bocas para cosas espirituales. Esa mala conversación o un momento incómodo tienen el peligro real de mantenernos atrapados en el pasado, de ser resistentes a Dios y a cualquier otra persona que pueda querer presentárnoslo como hacedor de diferencias en nuestras vidas.

Dios me sacó de estar encadenado a mis momentos más bajos, usando a mi hijo. Sí, era y todavía soy un pastor. Pero nunca he estado mejor. Los problemas de mi vida tenían la tendencia constante de quitarme la alegría, y de agobiarme emocional y físicamente. Escucharás más sobre eso en las páginas siguientes. Pero la confianza de mi hijo, su inocencia, su simple fe de niño y su actitud de dar por hecho el Cielo y el Dios que llama "hogar" al cielo, me maravillaron. De hecho, simplemente me energizaron.

La esperanza que mi hijo tiene de regresar al Cielo es tan sólida como su fe. Él extraña el Cielo. Él también extraña a su hermana. Pero él sabe que algún día volverá a verlos a los dos. A decir verdad, he imaginado tantas veces reunirme son mi hija, que siento que he tenido la oportunidad de conocerla a través de mi hijo. Yo también la echo de menos.

Hasta el día de hoy, todavía me cuesta imaginar cómo un Dios lo suficientemente grande como para sostener el mundo en sus manos puede irradiar tanto amor, que un niño permanece en su presencia sin miedo. Pero esa es exactamente la descripción de mi hijo acerca de Dios. La Biblia incluso respalda a mi hijo. Los escritores en la Biblia usan palabras más complicadas, pero todavía describen a Dios de la misma manera. Creo que el amor perfecto elimina todo temor, y mi hijo ha intentado describir ese tipo de gran amor de Dios durante años.

Sin embargo, mi hijo tiene más que temor. Él se siente atraído por la grandeza de Dios. ¿Y por qué no lo estaría? ¿Quién necesita un dios pequeño? Nadie. Un dios pequeño no es bueno para nadie. Pero, por supuesto, hay una diferencia entre *necesitar* y *querer* lo que necesitamos.

Yo *necesito* un Dios grande, y tú también, pero no dije que *quisiera* un Dios grande. A veces actúo como si quisiera un dios pequeño. Quiero un dios que se ajuste a mi mundo. Quiero un dios limpio y ordenado que se ajuste a una cadena alrededor de mi cuello, o en una pegatina para el parachoques en mi camión. Quiero un dios que haga lo que quiero que haga, uno que se adapte a mi filosofía personal.

Tal vez creo que un pequeño dios será más conveniente. Me gustaría que mi pequeño dios sea como el camarero de un restaurante, que trae mis pedidos a la mesa, calientes y de forma rápida. Si mi taza de café permaneciera llena, y si cada uno de mis deseos no solo se concedieran, sino también se anticiparan, probablemente incluso le daría más propinas a mi dios pequeño. Y si hubiera un propietario del restaurante universal, me aseguraría de señalar las áreas en las que Dios podría mejorarlas antes de mi próxima visita.

Esta actitud de "dios pequeño que me sirve" es una manera absurda de acercarse al Dios real, por supuesto. Pero, ¿no es eso un poco de nuestro instinto en la forma en que nos relacionamos con Dios en este mundo?

Echemos un buen vistazo a cómo Dios es realmente. En nuestros momentos privados en estas páginas, tal vez tú y yo podamos vernos con honestidad y franqueza sobre la suciedad en cada una de nuestras vidas y las preguntas que ambos hacemos acerca de Dios. Los grandes problemas necesitan grandes soluciones, y nuestro mundo crea grandes problemas. Las grandes preguntas necesitan grandes respuestas, y un dios pequeño no responderá nuestras preguntas. Ese dios pequeño solo causará más preguntas.

Hablemos de las cosas que nos asustan y que desafían nuestra fe en Dios. Hablemos sobre los momentos en que hemos sido abandonados a la desesperación y hemos luchado para aferrarnos a la esperanza. Hablemos de nuestra búsqueda del verdadero amor y de las heridas que necesitamos sanar. Si hacemos eso, sospecho que al final de este rato, ambos tendremos una imagen más grande de Dios.

Un dios pequeño nunca podría ayudarnos a tener esta charla. En un dios pequeño no estaría el enfrentarlo, y mucho menos responder este tipo de preguntas. Pero un Dios grande podría usar este tiempo para hablarnos a los dos. Esa es solo una de las razones por las que necesito un Dios grande, y tú también.

2

CONSEGUIR TU ATENCIÓN

*¿Por qué debería estar interesado en
toda esta charla de Dios?*

Estuve en Culver City, California, para algunas reuniones, en la parte de Los Ángeles donde se encuentra el edificio de Sony. Nos alojábamos en un hotel muy antiguo llamado Hotel Culver, uno de esos edificios con forma de triángulo debido a dos calles que se separan en un ángulo agudo. Estaba cansado y solo quería instalarme en nuestra habitación para descansar bien por la noche. Un largo viaje en auto ese día, seguido por un largo vuelo esa noche, me habían aniquilado.

Este hotel había sido restaurado a su antigua gloria en las habitaciones rediseñadas y renovadas, pero muchas cosas acerca de su entrada aún eran un poco extrañas. Entramos en la planta baja con un botones que estaba en la calle cuando nos acercamos. El primer piso del hotel no tenía mostrador de registro ni nada; no había vestíbulo. En su lugar, había un restaurante muy concurrido con una banda en vivo. Lo único a lo que mi cansada mente podía prestarle atención era al hecho de que la música sonaba a todo volumen. Faltaba la señalización familiar de la mayoría de los hoteles. Si no hubiéramos tenido la guía del botones, no hubiéramos tenido idea de a dónde ir. Cuando el botones agarró el equipaje de mi esposa, estuvo de acuerdo en que la única forma en que mi esposa y yo íbamos a descansar mucho esa noche era si teníamos suerte y conseguíamos una habitación en uno de los pisos superiores. Nos condujo por unos raros corredores mientras nos acercamos a los que pasaban por la otra dirección, hasta un ascensor que nos llevó al piso que estaba arriba de la banda que tocaba.

En el siguiente piso esperaba encontrar el vestíbulo normal de un hotel (pensando que quizá habíamos entrado al lado equivocado del edificio), pero las torpes puertas del ascensor se abrieron a un largo pasillo de salas de conversación de varios tamaños, probablemente diseñadas para viajeros de negocios o reuniones familiares ocasionales. Había un pequeño escritorio en el pasillo, como el que encontrarías en un dormitorio. Una dama estaba sentada detrás. El botones nos condujo hasta allí, y la dama del mostrador comenzó a hacer las preguntas estándar de registro. Yo estaba un poco fuera de mí en este punto. No me di cuenta de que ir a la ciudad donde hacen películas surrealistas me haría sentir como si estuviera viviendo en una película surrealista. Cuando di mi información, me di cuenta de que el bajo estruendoso de la banda de abajo estaba reverberando en el piso bajo mis pies, e incluso pude distinguir las palabras de las canciones. Continué preocupado acerca de si conseguiría el descanso que necesitaba esa noche. Di una mirada a los ojos de mi esposa y me di cuenta de que ella estaba pensando lo mismo. Antes le había preguntado al botones qué tan tarde la banda estaría tocando, y me dijo que podría ser una o dos de la madrugada.

Pensé en la vista de la calle de este hotel triangular de forma extraña, y recordé que era de varias plantas, tal vez hasta seis pisos o más. Mientras estábamos siendo registrados, suspiré un poco, en una especie de representación audible de la simple, egoísta, pero necesaria oración en mi corazón en ese momento:

¡Por favor, Dios, necesito dormir!

El botones nos ayudó a recoger nuestras cosas, y entramos de nuevo en el ascensor. Sin siquiera tener que preguntar, la señora de la recepción nos había asignado gentilmente una habitación ubicada en el segundo piso más alto del hotel. Mientras viajábamos lentamente por el hueco del elevador, pude escuchar la música retroceder en la distancia. Mis hombros se relajaron cuando comencé a pensar en el sueño que obtendría en unos breves instantes una vez que descargáramos las maletas. También tuve una innegable sensación de gratitud al saber que Dios acababa de responder a mi oración simple, pero desesperada.

FUERZA O FAVOR

En todo el hotel histórico había muchas fotos de *El mago de Oz*, en particular las que mostraban a los actores que interpretaron a los *Munchkins* en la película. Aparentemente, todos los *Munchkins* de *El Mago de Oz* se alojaron en este mismo hotel cuando fue filmada la película. Cuando les conté esta parte de la historia a las personas de Nebraska, se divirtieron mucho conmigo, porque soy un tipo de muy baja estatura: "¡Deberías haberte sentido como en casa en el Hotel *Munchkin*, Todd!". ¡Mis amigos de baloncesto saben cómo insistir!

Afortunadamente, cuando salimos del ascensor en nuestro piso, pude sentir que una gran ola de expectativa de sueño me recorría, porque ya no oía el sonido de la banda. ¿Sabes cómo te sientes solo unos minutos antes de dormir después de un largo y duro día de trabajo o de viaje? Ese era yo. No había prestado mucha atención al botones hasta entonces, pero mientras sacaba nuestras cosas fuera del ascensor, me dijo: "¡Guau, la Fuerza debe estar contigo!".

Lo miré un poco inexpresivo, sin comprender, ya que prácticamente estaba roncando. Él explicó: "Debes haber usado la Fuerza para obtener esta habitación aquí en este piso, porque obtuviste exactamente lo que querías, la mayoría no". Estoy seguro de que puedes imaginar los ojos de mi esposa Sonja rodando. Ella sabía que su comentario me molestaba y solo quería que lo dejara pasar, pero... no podría ignorarlo.

Negué con la cabeza y dije llanamente: "Bueno, en realidad la Fuerza no tiene nada que ver con eso. No soy un Jedi, hijo. Tampoco creo mucho en el karma. En vez de eso, oré para que pudiera dormir bien, y Dios proveyó. Esa no fue la Fuerza, ese fue el favor de Dios". Dije esto sin pensar demasiado. No estaba tratando de tener una conversación profundamente espiritual con este botones, pero no podía dejar que su comentario de "Fuerza" se fuera sin que un poco de verdad saliera de mi boca.

Mientras descargamos en la sala, el botones hizo algo que he visto muchas veces cuando le menciono a Dios a las personas. Cambió el tema a otra historia benigna relacionada con Dios, pero solo para finalizar la conversación. Mi charla de orar por una buena noche de sueño y obtener mi oración respondida debe haberlo hecho sentir incómodo.

Tartamudeó la primera parte de la oración, pero finalmente dijo: "Sí, hay un niño que fue al cielo y escribieron un libro, y van a hacer una película sobre eso o algo así".

Miré a mi esposa y ella me dio otra mirada, sabiendo que esto comenzaría una conversación mucho más larga de lo que ella había pensado que tuviéramos con nuestro botones. Pero incluso ella asintió levemente y acepté que Dios me estaba llamando. Mientras le tendía la propina, le dije: "Ese soy yo. Es de mi hijo de quien estás hablando. Es por eso que estamos aquí".

Nunca antes había visto a un botones ignorar una propina. Su boca se abrió tanto que pude ver sus amígdalas mientras me miraba. Vi cómo la comprensión se apoderaba de él en esa larga pausa. Quiero decir, ¿cuáles eran las probabilidades? De los miles de millones de personas en el Planeta Tierra, los padres del niño del pequeño del libro y la próxima película eran los mismos a los que se enfrentaba. Su intento de esquivar una conversación sobre Dios había fracasado.

Llené el incómodo silencio del momento diciendo: "Creo que Dios está tratando de llamar tu atención. ¿Sabes que Él se preocupa por ti tanto como yo por mi hijo?". Por la expresión de sus ojos, podía decir que este joven de constitución pequeña y dieciocho años de edad, que estaba buscando propinas, se había dado cuenta de una nueva verdad por primera vez en su corta vida. Él le importaba a Dios. Las películas pueden referirse a "la Fuerza" en dramas espaciales en la gran pantalla, pero momentos como este indudablemente nos señalan al Dios real.

¿Cómo está Dios tratando de llamar tu atención? Mientras lees este libro en este momento, piensa en lo que está sucediendo en tu vida y en cómo Dios podría estar orquestando eventos para llamar tu atención. Él es un Dios grande, y Él trabaja en grandes formas.

¿Cuántos momentos de Dios has tenido que explicar? ¿Has salido de una ruina que no deberías tener? Yo sí. ¿Has sobrevivido a una cirugía de emergencia o a un asomo de cáncer? Yo sí. ¿Has tenido la generosidad de un extraño, una canción o mensaje en la radio o una conversación con un amigo en momentos cruciales del viaje de su vida, como si estuvieran siendo orquestados por alguien más grande que tú y los demás en tu mundo? Puedes apostar que todo eso me ha pasado a mí también.

Uno de los hombres que finalmente produjo la película *El cielo es real* me dijo esto: "No puedo dormir por la noche. Dios no me deja. Tengo que hacer esta película sobre lo que vio su hijo". Ahora, él no me dio más detalles que eso, pero de alguna manera había llegado a la conclusión de que no podía negar que Dios era quien interrumpía su vida.

Pero recién estamos comenzando nuestra discusión. Continuaremos hablando de preguntas difíciles, misterios profundos, problemas grandes y pequeños y molestos. Todos estos asuntos a menudo se plantean como dudas, posibles razones por las cuales no confiamos en Dios, o por qué tal vez no debemos creer en Dios o escuchar a quienes sí lo hacen. Supongo que ya tienes muchas de estas preguntas circulando en tu corazón y tu mente. Espero ofrecer sabiduría útil sobre estas cosas, realmente quiero hacerlo.

Pero creo que algo más, algo más grande, está sucediendo mientras lees esto ahora mismo. Estas preguntas que tienes, el dolor que enfrentas, las luchas que ves en el mundo de hoy: estas son todas las cosas que Dios está usando para llamar tu atención. Tus preguntas no le desconciertan: quiere que se lo preguntes, especialmente tus preguntas más difíciles. Y a Él no le importa quedarse contigo en las partes difíciles. A mí tampoco.

Mi trabajo no es hacer relaciones públicas para Dios. En cambio, enfrentaremos las cosas difíciles y veremos si podemos encontrar a Dios en el medio de todo. No será un Dios inventado que resuelva todo para ti como un genio en una lámpara. Será el verdadero Dios que existe, incluso en las partes duras y sucias de la vida.

Si Dios está tratando de llamar tu atención, espero que se la des.

3

NUEVA VIDA EN NEWTOWN

¿Puedo hacer algo respecto a la maldad negra
y fea que existe en el mundo, aun en mí?

¿Qué estabas haciendo la mañana del 14 de diciembre de 2012? Era un día normal en mi ciudad natal en Nebraska; apuesto a que lo llamarías aburrido. Llevé a los niños a la escuela y me dirigí al trabajo. Con Navidad a solo once días de distancia, la mayoría de mi pueblo se distraía agradablemente con los programas escolares, los servicios especiales en la iglesia y los regalos que compraríamos para poner alrededor del árbol.

Luego, a la mitad de la mañana, escuchamos la noticia de un tirador en un pequeño pueblo de la costa este.

Diez veces más personas viven en Newtown, Connecticut, que en mi pueblo de Imperial, Nebraska, pero es una ciudad bastante pequeña en comparación con la costa este. Con una población de alrededor de veintisiete mil habitantes, Newtown ha estado allí durante trescientos años, a sesenta millas fuera de la ciudad de Nueva York, donde viven unos nueve millones de personas. Aun así, Newtown es un lugar tranquilo, con un solo homicidio en una década. Hasta el 14 de diciembre de 2012.

El tirador entró a la Escuela Primaria Sandy Hook y comenzó a disparar. Primero mató al director y al psicólogo de la escuela en el pasillo, y luego entró a un salón de clases de primer grado. Allí, tuvo lugar una trágica secuencia de eventos. La maestra sustituta había empujado prudentemente a los niños hacia un baño. Pero el tirador los encontró y mató a todos menos a una niña.

Esa niña valiente se escondió allí, se quedó muy quieta entre sus amigos, haciéndose la muerta y de alguna manera sin recibir un disparo, y más tarde se escapó de la habitación.

En menos de diez minutos, se dispararon 152 balas y murieron veinte niños y seis adultos. Una maestra de otra escuela de la ciudad me contó lo que yo podría haber dicho sobre mi ciudad, y tal vez tú, sobre la tuya: "Cosas así no ocurren en Newtown".

Pero ocurrió.

¿Por qué?

No mucho después de los disparos, comencé a recibir solicitudes para que enviáramos nuestro libro a Newtown para las personas que lidiaban con la tragedia. Estas solicitudes en su mayoría provenían de aquellos que habían sido tocados por la historia, y pensaron que podría ser útil. No nos involucramos de esta manera, ya que incluso un esfuerzo bien intencionado de ayudar puede dañar a aquellos en medio de una tragedia así. Entonces, mantuvimos nuestra distancia y solo oramos.

Personalmente, apenas podía pensar en este evento. Mi hijo más pequeño, Colby, tenía más o menos la misma edad que los de esa clase de primer grado, aunque en ese momento estaba en segundo grado. Si esto hubiera sucedido en nuestra ciudad, ni siquiera sabría qué decir. Creo que es normal admitir eso. Está bien no saber qué decir. Pero sí sé a dónde ir, y es directamente a Dios.

Junto con el resto del país, mientras lidiaba con este horrible evento, comencé a hacer preguntas. Todas mis preguntas comenzaron con "¿Por qué?".

¿POR QUÉ NO SABÍAMOS ACERCA DE ESTE LOCO?

Quería saber por qué no teníamos a este tipo en una lista en alguna parte. ¿Por qué no vimos este monstruo a una milla de distancia? Por supuesto, nadie lo vio como un monstruo hasta ese momento. Lo vieron como un pariente, un vecino, un estudiante, incluso un hijo. Resultó que el tirador era un joven aparentemente tranquilo y sin antecedentes penales. Pero él todavía mató a su madre en su casa antes de conducir a la cercana Sandy Hook. Era un poco solitario y tenía sus desafíos, pero nadie que lo conociera o lo tratara lo vio venir. Fue un tiroteo masivo sin un motivo claro. No hay una respuesta útil a este "Por qué". Entonces, tenemos más preguntas...

¿POR QUÉ LA ESCUELA NO ERA MÁS SEGURA?

Nadie esperaba el nivel de violencia ese día, pero ya se tomaron algunas precauciones. La escuela había pasado por simulacros de encierro solo unas semanas antes. La política de seguridad dictaba que se tenía que tocar el timbre al frente, después de cerrar las puertas en la mañana. Pero eso no detuvo al tirador, quien disparó a través de un gran panel de vidrio adyacente a la puerta para lograr entrar. Muchas escuelas instituyeron nuevas políticas después de

Newtown, pero la mayoría de ellas fueron solo políticas de seguridad que Sandy Hook ya tenía implementadas en el momento del tiroteo. No hay una respuesta útil a este "Por qué", tampoco. Entonces, seguimos haciendo preguntas. . .

¿POR QUÉ NO FUE DETENIDO POR LA POLICÍA O EL PERSONAL?

Los primeros en responder en los pueblos pequeños como Newtown, saben cómo son los edificios y con frecuencia conocen a las personas en esos edificios. Soy primero en responder, y en el camino hacia el fuego, pasa por mi mente toda una lista de preguntas de preplanificación: ¿De qué manera sopla el viento? ¿Qué cambios climáticos están por venir? Pero para Sandy Hook, no hay forma de preplanificar. No hay entrenamiento que te prepare para eso. No hay un camión de bomberos que pueda apagar la inmensidad de esta quemadura oscura en un corazón humano tan perdido.

Múltiples historias de heroísmo salieron inmediatamente después de la tragedia. Los seis adultos asesinados perdieron la vida al confrontar al tirador mientras trataban de proteger a los niños. Los maestros ayudaron a los niños a salir por las ventanas o los condujeron a los armarios y baños para esconderse. Los primeros oficiales estuvieron en la escena en menos de cinco minutos desde la primera llamada al 911, después de lo cual el tirador se disparó a sí mismo rápidamente, incluso antes de que los oficiales entraran al edificio. Este "por qué" no lleva a ninguna parte, así que seguimos preguntando. . .

¿POR QUÉ TENÍA ÉL TODAS ESAS ARMAS?

Los oficiales que investigaron el incidente notaron, en primer lugar, que las armas no le pertenecían al "tirador". Eran las armas de su madre, que él tomó de ella y luego las usó para matarla, y seguidamente a las personas de Sandy Hook. En retrospectiva, todos pensamos que él no debió haber tenido acceso a las armas de su madre, pero nuevamente nadie lo vio venir. Al no poder encontrar respuestas para esta situación, hacemos preguntas más grandes...

¿POR QUÉ SUCEDE ESTO CON TANTA FRECUENCIA?

Newtown no quiere ser conocido ni definido por esta tragedia, pero se unió a la lista de otros lugares donde ocurrieron horribles asesinatos: San Bernardino, Charleston, Chattanooga, Fort Hood, el Navy Yard de Washington, Aurora y Columbine. En los Estados Unidos estamos profundamente preocupados de que esto ocurra tan a menudo. Estos se agregan a la lista de pueblos y ciudades de todo el mundo donde también se han producido asesinatos en masa, como Sang-Namdo, Hungerford, Kunming, Cuers, Port Arthur, Sagamihara, Erfurt, Akihabara y Utøya. ¿Qué está pasando en el mundo? ¿Realmente hay tantos de nosotros que estamos listos para romper a matar personas? Parece que no podemos responder esta pregunta. Entonces, me pregunto si necesitamos preguntar un "¿Por qué?" más grande.

EL GRAN POR QUÉ

Todas estas preguntas son legítimas, y debemos seguir preguntándolas. Algunas veces hay respuestas. Algunas veces hay algo que podemos hacer. Pero a menudo solo tenemos que admitir que el mundo está lleno de maldad. Las personas comunes pueden tener la capacidad de hacer un mal increíble. En muchos de estos casos -sino la mayoría- de los que hemos oído hablar, aquellos que conocieron al asesino dicen que antes de la tragedia, la persona parecía "normal" aunque fuera un poco rara. Por lo general, nadie lo ve venir. Cuando pienso en el tiroteo en Sandy Hook, y me imagino a ese tirador dirigiéndose a un salón de estudiantes de primer grado y haciendo esto, me siento atrapado por la oscuridad de toda la situación. No me importa cuántas luces había encendidas en el aula. Mientras caminaba hacia allí con su dedo en el gatillo, una oscuridad se extendió hacia ese lugar, que es más grande y más compleja y más parecida al abismo de lo que puede contener el interior de cualquier persona. Es la Oscuridad, con "O" mayúscula.

Esta oscuridad es el gran "Por qué".

¿Cómo podría alguien hacer esto? ¿A niños?

ADAPTARSE A LA OSCURIDAD

Esto es lo que nos sucede cuando ocurren estos eventos: nos acostumbramos a la oscuridad que nos rodea porque es gradual. Pero estas tragedias nos muestran cuán oscuros somos, como humanos, en el interior. ¿Has notado cómo tus ojos se adaptan a la oscuridad? Cuando las luces se apagan abruptamente, apenas puedes decir dónde están las paredes. Pero si esperas un poco, tus ojos se adaptan y te vuelves a sentir cómodo.

Lo mismo sucede en nuestro mundo. La oscuridad se desliza hacia la vida de la misma forma en que se pone el sol en la noche: gradualmente. Y nos adaptamos a la ausencia de luz al igual que nuestras vidas también se adaptan a la ausencia de Dios. Conozco personas que solían orar. Pero eventualmente se ocuparon y se distrajeron. Lentamente, el Dios del que escucharon durante su niñez fue reemplazado por entretenimiento que fomentaba la violencia. Los modales y la dignidad que exhibieron en un momento fueron reemplazados por los sobrenombres y la vulgaridad de la comedia y la política. No tienen tiempo para leer sobre Dios o visitar una iglesia, pero ocupan sus horas mirando las noticias sobre guerras y víctimas del crimen. El terrorismo y los bombardeos se han vuelto comunes, y las oraciones y los valores familiares se han vuelto escasos. Las personas se han acostumbrado a la oscuridad y a las posibilidades malignas que la acompañan.

Muy a menudo, al igual que con esta tragedia en Newtown, encontramos que nadie lo vio venir en el perpetrador. Nadie podría haber adivinado que este hombre sería el que causaría tanto dolor. Él probablemente nunca lo hubiera adivinado tampoco. Pienso que él se adaptó gradualmente a la idea de sus actos malvados, ya fuera a través de heridas infligidas a él por otros, o por sueños fallidos, por lo que podría haber culpado a Dios. Así el hombre fue gradualmente capaz de arremeter con violencia. No podía ver el mal creciendo en su vida antes de que fuera demasiado tarde para esos niños y maestros inocentes. De alguna manera, la luz de la bondad y de Dios se volvió tan oscura que no sonaron alarmas en su vida para despertarlo.

Podríamos pensar en toda clase de personas, cosas y sistemas a quienes culpar, pero está claro que al menos una cosa es común entre todos ellos: la maldad.

¿Por qué somos tan vulnerables a la maldad? ¿Por qué no tenemos ninguna protección?

Nuestro gran "Por qué" necesita un gran *Dios* para responderlo. Al final, hago estas preguntas no a los miembros de mi familia, ni a los periodistas, ni siquiera a mi iglesia. Le hago estas preguntas a Dios directamente. Solo Dios puede responder a preguntas como esta y hacer una diferencia. Newtown parecía ser uno de esos lugares donde solo una luz especial podía romper esa profunda oscuridad.

Hablé de cuando se apagan las luces, pero ¿alguna vez has estado en un lugar oscuro cuando de repente las luces se encendieron? Es impactante. Te hace cerrar los ojos y tal vez levantar una mano para protegerte contra la luz. La luz penetra la oscuridad e interrumpe nuestra zona de comodidad, ya que nuestros ojos se han adaptado a la oscuridad.

¿Qué pasa si esperas lo suficiente para que tus ojos se adapten a la luz? ¿Podría la luz espiritual hacer al mal lo que la luz física le hace a la oscuridad? ¿Podría el miedo ser reemplazado por la paz y la seguridad? ¿Podrían reemplazarse nuestras andanzas con un sentido claro de dirección? ¿Podría la luz conducirnos a los que amamos y sacarnos de la solitaria oscuridad?

TEXAS

Unos meses después del tiroteo de Sandy Hook, me encontré en Texas en un comedor muy agradable en un restaurante de asados. Todos estaban vestidos para la función especial con manteles y porcelana fina. Era elegante, pero también era tejano, lo que significaba que todo era grande y audaz.

En esta cena se me acercó una mujer en sus treintas y muy baja de estatura (y con eso quiero decir que ella todavía era un poco más alta que yo). Tenía dos niñas súper lindas con ella, una de dos años y otra de cuatro.

Esta mujer dijo: "Gracias por compartir tu historia". Le pregunté por qué lo dijo. Ella comenzó a llorar y compartió que su hija había muerto en el tiroteo de Sandy Hook. Mientras descargaba su corazón, comencé a llorar. Recuerdo el nombre de su hija, que no mencionaré aquí, pero perder el tesoro de esa niña es inimaginable.

Ella me dijo que después del tiroteo le habían dado más de treinta copias del libro *El cielo es real*. Me sentí avergonzado y simplemente dije: "Lo siento". Ella dijo: "No, realmente no podía creer que un libro hubiera impactado a tantas personas que conozco". Pero no te agradezco por eso; quiero agradecerte por *El cielo es real para niños*, porque es la mejor manera que hemos encontrado para hablar de todo esto con estas chicas. Lo leemos todas las noches". A medida que avanzaba la conversación, estas niñas comenzaron a citarnos nuestro libro. Me di cuenta de que para esta familia, el libro era un recurso que les ayudaba a explicar la muerte y el más allá a dos niñas que echaban de menos a su hermana. En lugar de solo lágrimas, ahora hablaban sobre lo que su hermana estaba haciendo en el cielo todos los días. Esta tragedia no fue el final. Las sonrisas y la risa volvieron en algunos momentos. La luz comenzaba a brillar.

LA LUZ DEL CIELO

No mucho después de ese momento en Texas, nos encontramos oficialmente invitados a una de las iglesias más grandes en el área de Newtown. Por supuesto, creo que todas las iglesias en Connecticut podrían caber dentro de algunas de las iglesias que he visto en Texas. Pero aún así, podría sentar a muchas personas.

Mientras me preparaba para hablar, me enfrenté a la falta de palabras para esta madre que conocí en Texas. Recuerdo haber pensado: *estas personas están sufriendo y luchan con una oscuridad tan inmensa, y yo solo soy un entrenador de lucha libre que predica el fin de semana. ¿Estás enviando al hombre correcto, Dios?*

Nos sentimos guiados a ir allí con un mensaje del primer capítulo del libro de Juan: *"La luz brilla en la oscuridad, y la oscuridad jamás podrá apagarla".* [1] Creímos que no importaba cuán profunda fuera la oscuridad en Sandy Hook, esa luz no podía ser destruida por ella, ni siquiera allí.

Esa noche, mi hijo Colton acababa de cumplir catorce años y cantó por primera vez una canción llamada "Heaven", basada en las propias palabras de Colton, tal como está escrita en *El cielo es real para niños*. Fue un momento tan especial. Mientras cantaba, el tono de la reunión pasó de sombrío luto a alegre gozo. Me sentí aturdido, sentado en la primera fila al lado de un policía de Newtown que trabajaba en la seguridad para el evento.

Cuando Colton salió a cantar más tarde en este evento, dos niñas pequeñas se apresuraron a subir los escalones de la plataforma para estrechar su mano en el escenario, justo en frente de todos. Cuando volvieron a sus asientos, noté que el policía lloraba, sus lágrimas le llegaban hasta el cuello.

Me incliné hacia este hombre y le pregunté si podía hacer algo. Negó con la cabeza y me dijo que estaba abrumado porque conocía a una de esas dos niñas. Él se repitió a sí mismo: "Esa es ella. Esa es ella".

Ahora estaba realmente confundido. "No sé de quién estás hablando. ¿Qué quieres decir con *ella?*", pregunté.

"No sabía que ella estaba aquí. No noté que ella o su familia vinieran a aquí esta noche, pero esa es la niña que sobrevivió al tiroteo en el aula de primer grado ", exclamó.

Fue entonces cuando comencé a llorar también. La luz puede brillar incluso en la oscuridad más profunda. ¿Cómo podía una niña pequeña que había experimentado algo tan malvado sentirse lo suficientemente segura como para correr al escenario y estrechar la mano de mi hijo frente a tantas personas?

Se apoderó de mí la realidad de que Dios sí hace algo con respecto a la maldad. Este fue un momento decisivo para mí: me di cuenta de que no importa lo que los demás digan, podemos atravesar la oscuridad y vale la pena llevar la luz de Dios a quienes están profundamente heridos por la oscuridad en este mundo. Independientemente de lo inadecuado que me siento de mí mismo, nunca olvidaré la oportunidad que Dios nos dio de alentar a esa niña tan especial. Me sentí como si Dios estuviera diciendo ese día: "No te atrevas a apagar tu luz".

4

NO PERFECTO, TAN SOLO DEDICADO

¿Qué es lo que Dios realmente quiere de mí?

En estos días es muy difícil que la mayoría de los departamentos de bomberos voluntarios de todo el país tengan el personal completo. Las crecientes demandas de capacitación no encajan bien con la mayoría de las personas que conozco. Trabajar horas sobre horas sin pago tiene su precio; y con el bombero trabajando normalmente en un trabajo de tiempo completo en otro lugar, el tiempo familiar por lo general recibe un serio impacto. La mayoría de los jefes tampoco ayudan. Pagar a los empleados para que dejen el trabajo o simplemente permitirles que abandonen el trabajo para luchar contra los incendios no es muy rentable para los negocios.

A pesar de estos desafíos, nuestro departamento de bomberos en Imperial es uno de los departamentos voluntarios más respetados en todo el estado de Nebraska. Nos hemos ganado una reputación por ser profesionales y estar bien entrenados. Nuestro departamento es uno de los pocos que logra mantener una nómina completa con una lista de espera de candidatos que desean unirse. Estoy muy orgulloso de ser parte de ese equipo.

No conozco todas las razones para este alto nivel de rendimiento y el compromiso con nuestros amigos y vecinos permanece, pero sí sé una razón: en cada reunión que sostenemos, nuestros voluntarios recitan "El Credo del Bombero". Es así:

"Nos comprometemos a brindar voluntariamente nuestros servicios como bomberos a aquellas personas que lo necesiten en cualquier emergencia, ya sea civil o local, a fin de preservar lo mejor de nuestra capacidad, vida y propiedad. ¡Por la presente aceptamos los peligros impuestos para que podamos servir mejor a esta causa!".

Al igual que la promesa de un soldado a la bandera, este ha sido nuestro compromiso con nuestra comunidad y entre nosotros, antes de comenzar cada reunión. ¡Nos recuerda mantenernos enfocados en nuestra misión! ¿Por qué? La razón es que causas como salvar vidas son dignas de nuestra devoción, incluso si esa devoción requiere tomar riesgos y hacer sacrificios.

UNIRSE

Según mi madre, siempre quise ser bombero cuando era niño. Así que supongo que actuar sobre el deseo que Dios depositó en mí a una edad temprana era inevitable. Sin embargo, cuando decidí tomar el riesgo y convertirme en bombero, fue un paso difícil para mí.

Cuando pregunté por primera vez si me uniría al departamento de bomberos de Imperial, tenía muchas preguntas sobre lo que haría como bombero. También tuve muchas preguntas sobre qué capacitación se requeriría. Esos pensamientos, incluso, me hicieron preguntarme si tenía lo que se necesitaría para ser un buen bombero. ¿De qué serviría si no era capaz de calificar?

Creo que muchas personas tienen las mismas reservas sobre unirse a Dios. Quizá algo te está empujando a buscar a Dios, pero no estás seguro de querer al Dios que encuentras. Él ha captado tu atención, pero tal vez te preocupa tener todo lo que se necesita para pertenecer a Dios.

Quizá tengas preguntas difíciles acerca de Dios.

"¿Qué espera Dios de mí? He escuchado tantas cosas diferentes sobre Dios. No sabría qué es lo que Dios realmente querría de mí".

"Me decepciono todo el tiempo. Si no estoy a la altura de mis propios estándares o compromisos, ¿cómo podría estar a la altura de las expectativas de Dios? Si busco a Dios, ¿estoy comenzando un viaje que honestamente no puedo terminar o estar a la altura?".

"¿Me arriesgo a ser rechazado? Tal vez no soy lo suficientemente bueno como para siquiera ser considerado. Al igual que las pruebas frente a un entrenador en deportes, ¿hay pruebas delante de Dios?".

Muchas personas no saben a dónde llevar estas preguntas y dudas para encontrar respuestas. He encontrado en Jesucristo el mejor lugar para encontrar respuestas a preguntas relacionadas con Dios.

Cuando alguien quiere encontrar la verdad acerca de Dios, Jesús los conecta amorosamente y les señala la dirección correcta. Él no tiene miedo de decirnos lo que podría estar interponiéndose en nuestro camino hacia Dios. Él a veces responde preguntas que ni siquiera pensamos hacer.

LA PREGUNTA ETERNA

El cielo ha estado en los corazones de todas las generaciones. ¿Qué pasa cuando morimos? ¿Y la vida no es mejor en otro lugar? Después de toda esta lucha, después de todas estas relaciones, y después de todas nuestras experiencias, parece que tenemos la sensación de que no nos eliminan al morir como algún programa de computadora. Algo con respecto a un humano tiene un valor eterno.

Un individuo muy honesto trajo sus pensamientos y sus preguntas a Jesús. Como el resto de nosotros, él tenía una muy buena idea de lo que quería de Dios.

Por supuesto, este hombre había escuchado de otros y había leído en las Escrituras cosas sobre Dios. Incluso tuvo un sentido preciso de algunas de las cosas que a Dios le gustaría en su vida. Pero, ¿realmente entendía lo que Dios quería de él?

Así que este hombre, que la Biblia describió como un joven y rico gobernante, corrió hacia Jesús y se arrodilló de manera dramática haciéndole un elogio. "Buen maestro", comenzó. Luego hizo su pregunta: "¿Qué debo hacer para heredar la vida eterna?".

Jesús respondió de la manera más directa que cualquier rabino del primer siglo lo haría: "*pero para contestar a tu pregunta, tú conoces los mandamientos*".[1] Jesús sabía que el joven conocía estos mandamientos, pero mencionó algunos como ejemplos: "*No cometas asesinato; no cometas adulterio; no robes; no des falso testimonio; no estafes a nadie; honra a tu padre y a tu madre*".

El joven y rico gobernante obtuvo una respuesta con la que sin duda podría vivir, porque había seguido cada uno de los mandamientos desde que era un niño pequeño. Él le dijo esto a Jesús.

NO PERFECTO, TAN SOLO DEDICADO   41

Pero Jesús no había terminado. Otros hubieran terminado. Pero Jesús sabía más acerca de este hombre. Jesús sabía que había algo que apretaba su corazón y controlaba sus decisiones, y no iba a dejarlo pasar. ¿Por qué? Por amor. Marcos 10:21 lo dijo de esta manera: *"Jesús miró al hombre y sintió profundo amor por él"*.

Es importante recordar esto cuando leemos lo que Jesús dijo a continuación. Cuando Jesús nos dice: *"Hay una cosa que todavía no has hecho"*, no es porque esté tratando de ser difícil, o porque tenemos algún obstáculo para saltar y demostrarle nuestro valor. Ni siquiera es porque esa "única cosa" es lo que otras personas también deben hacer. Él nos dice estas cosas porque nos ama y ve lo que nos impide dar a Dios la única cosa que Dios quiere más. Para el rico joven gobernante, su riqueza lo retenía de una total devoción a Dios, sus ojos siempre estaban puestos en su tesoro, porque las posesiones eran lo principal para él en la vida.

Jesús dijo: *"Anda y vende todas tus posesiones y entrega el dinero a los pobres, y tendrás tesoro en el cielo. Después ven y sígueme"*.

La sonrisa del joven rico cayó. Sus hombros se desplomaron. Su cabeza colgaba. Él se marchó.

AÑO SIETE

El número siete es un número de la suerte para muchos. Pero para las estadísticas de matrimonio, el año siete es a menudo un número espantoso. Muchos divorcios ocurren en el año siete.

Mi año siete estaba en riesgo de eso. Sí, soy pastor; sí, amo a Dios; y sí, amo a mi esposa, pero casi pierdo mi matrimonio en el año siete.

"Yo no sé si aún te quiero". Esa fue la frase más dura y dolorosa que alguna vez escuché a Sonja decirme.

El golpe me hirió más profundo que cualquier golpe que haya recibido. Me dolió tanto que no pude encontrar suficiente aire para respirar bien.

Cuando ambos dijimos: "Hasta que la muerte nos separe", sé que ambos lo decíamos en serio, pero ¿qué nos había pasado en siete años? Sonja estaba lista para irse, y yo necesitaba resolver las cosas rápidamente.

Para empezar, nos habíamos mudado. Sonja tuvo que renunciar a muchos de sus amigos cuando nos mudamos a pastorear a una pequeña... no... ¡una diminuta iglesia en Imperial! Casi no teníamos ingresos de la iglesia, así que estaba trabajando todas las horas extra que podía para establecer mi negocio.

Estaba predicando y visitando a los pocos miembros de mi congregación. Si alguien llamaba, respondía. No quería decepcionar a nadie en mi primer pastorado en solitario. También estaba tratando de ser el mejor padre que podría ser para nuestra irresistible hijita de un año, Cassie.

Todavía no había perdido a Sonja, pero en algún lugar perdí mi devoción por ella. Estaba ocupado, pero ella estaba sola en casa con Cassie, ociosa y muy olvidada.

Ahora, Cassie... bueno, no tenía nada de qué quejarse. Todo el día Sonja le leía, jugaba con ella, dormía cuando podía y la alimentaba. Cuando papá llegaba a casa, yo jugaba, reía y le mostraba a Cassie lo importante que era mientras mi esposa nos miraba luchando en el suelo.

Antes de que llegara Cassie y antes de mudarnos, éramos "doble ingreso sin hijos". Teníamos tanto el tiempo como el dinero para simplemente darnos el uno al otro automáticamente, supongo. Era fácil estar enamorado. Así que no puedo decir que alguna vez tuve que tomar una decisión difícil para vivir de una manera dedicada con Sonja. No fue difícil.

Inmediatamente después de que Sonja anunciara que estaba lista para irse, le supliqué que me diera un fin de semana para tomar unas vacaciones juntos y resolver las cosas. Ella estuvo de acuerdo. Por supuesto, descubrimos que el padre de mi padre había fallecido y el funeral estaba programado al mismo tiempo que las vacaciones de última oportunidad. Yo era el único nieto que no pudo asistir al funeral del abuelo. A pesar de la angustia de mi familia, recién comenzaba a aprender cómo convertirme en un esposo verdaderamente dedicado y hacer esos sacrificios.

Hablamos durante horas sobre lo que nos había sucedido. Entonces ambos decidimos que valía la pena intentar algunos cambios. Después de Dios, lo mejor que le podíamos dar a nuestra hija era un buen matrimonio. Pero teníamos trabajo por hacer.

Empezamos a acostar a Cassie más temprano. Y tampoco estaba permitida en nuestra cama. Establecimos una noche de cita para nosotros. Se contrataron niñeras.

Cassie protestó un poco... pero lo adivinaste. Ella sobrevivió.

Todos los días, Sonja y yo nos tomamos el tiempo para hablar entre nosotros. Incluso si solo eran diez minutos, sucedía. Lo que ocurría naturalmente antes de Cassie, ahora era intencional y regular. También comencé a preocuparme más por lo que Sonja pensaba de mí que lo que pensaban mis pocas personas de la iglesia o los clientes de mi incipiente negocio.

Cuanta más devoción le daba, más Sonja se daba cuenta de que tenía mi corazón otra vez. En lugar de correr tras la aprobación de otras personas, la estaba persiguiendo de nuevo. La olvidada era ahora valorada.

Entonces gradualmente, sucedió. Sonja decidió que ella me amaba de nuevo. Todo lo que se necesitó fue devoción.

NATURAL

Acabamos de celebrar nuestro vigésimo sexto aniversario de bodas. Sigo asombrado de lo que hoy Sonja puede soportar de mí. Sin embargo, si le preguntaras acerca de su esposo, ella aún podría contarte acerca de las docenas o cientos de defectos que tengo.

Para empezar, no soy la mejor ayuda en la casa. Me niego a asistir a otro ballet con ella. Y me burlo de todos los zapatos que compra. Y esta lista es solo el comienzo. He ganado algunas libras. He aprendido la caza de cerdos con pasión. Y mis alergias y la tos hacen que le sea difícil dormir bien por la noche.

Pero hoy estoy completamente dedicado a ella. Hay salvaguardas a lo largo de mi vida para evitar, incluso, un atisbo de interés por otra mujer. Almuerzo con ella en su escuela. Disfruto sorprendiéndola con flores ocasionales, y también vamos juntos a caminar porque odia "mis" entrenamientos.

A pesar de que mis defectos deben ser manejados, nunca parecen desafiar su amor por mí. ¿Por qué? Porque hoy Sonja sabe que estoy dedicado a ella. Y esa devoción *hace* nuestro matrimonio. Sé que nunca obtendría un cien en ninguna prueba de matrimonio, pero Sonja sabe que soy completamente suyo, cien por ciento. Mis hijos también lo saben. Hace solo un par de semanas, Colton compartió con los dos que quería tener un matrimonio como el nuestro.

Sé que algunas personas hoy en día no creen que la devoción en el matrimonio sea posible porque solo han descubierto que la pasión, la conveniencia, la lujuria, el dinero, el estatus o alguna otra emoción de corta duración los han mantenido hasta ahora. Como la riqueza para el joven y rico gobernante, tienen una historia de tratar de estar en una relación con alguien mientras aman a otra persona. Pero sus acciones los traicionan. Muchos se vuelven a casar con la esperanza de que la siguiente persona les dé la devoción que todavía anhelan encontrar. Quieren recibir devoción, pero les cuesta proveerla.

Dios tiene el mismo deseo para ti. Puedes pensar que tienes que ser exitoso para agradar a Dios, tal como lo haces para complacer a algunas personas. Puedes asumir que Dios quiere que hagas grandes sacrificios para mantenerlo feliz. Sin duda, agradar a Dios tiene que ser difícil, ¿verdad? Bueno, ahora que estoy dedicado a Sonja, complacerla se ha vuelto bastante natural. Cuando amas a alguien, mostrar amor no es difícil. Claro, todavía experimentas cosas difíciles juntos, pero amar a alguien a quien te dedicas es satisfactorio y gratificante. En muchos casos, nuestra devoción mutua nos ayuda a superar los tiempos difíciles.

TAN SOLO DEDICADO

Hay una gran diferencia entre perfecto y dedicado. Dios sabe la diferencia. Nosotros sabemos la diferencia. Pero sé honesto: ¿no es devoción lo que realmente quieres que alguien te dé cuando te dice al casarse: "hasta que la muerte nos separe"?

Apuesto a que has visto parejas que se han quedado enamoradas y han demostrado que la devoción es factible, incluso en una relación terrenal defectuosa. ¿No podría la devoción ser aún más posible si un Dios justo, compasivo y generoso estuviera en esa relación? Si deseamos que personas especiales en nuestras vidas se dediquen a nosotros, ¿no podríamos estar de acuerdo con Dios? Él tiene el derecho de buscar nuestra devoción. Si podemos aceptar algunos defectos de las personas que nos aman, ¿podría Dios también trabajar con nuestros defectos mientras lo seguimos amando?

TRES VECES

Las Escrituras describen a Dios como compasivo, lento para la ira y abundante en amor para los que lo buscan. Y Jesús demostró todas estas cualidades a un hombre llamado Pedro.

Pedro es una de mis personas favoritas para leer en las historias de Jesús. Era audaz, pero peligroso. Cuando hablaba, sus amigos nunca sabían si iba a decir algo profundo o vergonzoso. Era muy trabajador, pero no pudo mantenerse despierto durante algunas de las oraciones que Jesús le había pedido que orara. Se puso de pie frente a una turba con solo una espada y luego se congeló de miedo junto al fuego, con una joven preguntándole acerca de su relación con Jesús.

Jesús le había dado a Pedro su nombre. Sus padres lo llamaron Simón. Pero Dios vio a alguien que se convertiría en una roca y un líder entre el resto de los seguidores de Jesús. El nombre Pedro significa "roca". Pero Pedro comenzó caminando en falso; el hombre cuyo nombre salió de "la roca" se parecía mucho más al barro que al granito.

Pensarías que Dios simplemente se daría por vencido e intentaría nuevamente con otra persona después de un tiempo. Pero Jesús no trató a Pedro de esa manera. Jesús sabía que Pedro no era perfecto. Y después de que Pedro se las arregló para negar a Jesús tres veces en una noche, Jesús no le recordó a Pedro sus errores; le recordó lo que más importaba.

Jesús ya sabía que Pedro estaba sufriendo, y no necesitó manejar sus defectos. Jesús solo necesitaba hacerle saber a Pedro que el amor y el perdón pueden conducir al crecimiento y a la restauración.

Jesús le hizo una simple pregunta varias veces: "Pedro, ¿me amas?". Si es así, "alimenta a mis ovejas".

"Si todavía estás dedicado a mí, sigamos adelante, Pedro. No he terminado contigo. Todavía te amo. Aún me perteneces". Eso es lo que Jesús hace por los devotos.

PREMIOS "BLOOPER"*

Si dije que ser un bombero es todo trabajo y nada de juego, estaría mintiendo. La descarga de adrenalina, el sonido de las sirenas, los camiones grandes y la emoción de atacar un incendio están entre los aspectos más destacados. No hay muchos trabajos de escritorio que le dejen una historia al final del día. La lucha contra los incendios te ofrece todo tipo de cosas para hablar y para que otros hablen de ellas.

---

* Blooper- error embarazoso , con frecuencia humorístico

Mi departamento disfruta la oportunidad de entregar el premio anual de *bloopers* al final de cada año. Puede que no sea el más distinguido de los premios, pero es de lo que todos hablan más. Un bombero incluso podría orar al respecto: ¡Oh Dios, por favor deja que alguien más obtenga el premio *blooper* este año!

Era una tarde de verano típica de Nebraska cuando se encendió la alarma. Acabábamos de ver un nuevo hotel construido y abierto para clientes en Imperial, y fue un poco sorprendente que un edificio tan nuevo hiciera sonar su alarma. Sin dudarlo, salté en mi vehículo operativo personal POV (que es un nombre elegante para mi camioneta) y conduje hasta la estación de bomberos. Cuando llegué, nuestro camión de rescate se estaba llenando y preparando para salir. Siendo uno de los hombres autorizados para usar un paquete de aire, salté en nuestro camión y reclamé el último asiento disponible. Desde este punto, las cosas fueron cuesta abajo para mí.

Verán, ese día no había sido normal. Temprano en la mañana había regresado de un hospital cercano. La semana anterior sufrí un ataque de cálculos renales y los médicos concluyeron que necesitaba una cirugía de litotricia. Mi piedra había medido seis milímetros según las pruebas realizadas en la sala de emergencias. Era algo demasiado grande para pasar sin volar en trozos más pequeños.

Esa mañana, me pusieron a dormir y me dieron descargas eléctricas como si fuera Frankenstein. Con una almohadilla sobre el frente de mi riñón izquierdo y otra detrás, el médico disparaba electricidad hacia adelante y hacia atrás como una pelota de tenis entre dos raquetas, hasta que el cálculo renal se pulverizaba en pedazos más pequeños, pero posibles para pasar por vía natural. Fue una experiencia extraña, porque cuando desperté de este procedimiento no había marca alguna en mí. El urólogo que me interrogó dijo que estaría bien y me dio de alta. Estoy bastante seguro de haberlo escuchado decir: "No deberías tener ningún problema". Aunque mi esposa estaba allí para llevarme a casa, creo que olvidé preguntar cuánto tiempo duraría el efecto de los medicamentos que me habían dado durante el procedimiento.

Una vez que nuestros camiones de bomberos llegaron al hotel, salté e intenté ponerme el equipo, pero no pude encontrar la perilla para encender mi botella de aire, sin mencionar la manguera que sujeta la botella a mi máscara. Afortunadamente se dio un fin de alerta. Fue solo una falsa alarma. A veces los nuevos sistemas de alarma tienen que resolver los errores. Pero luego el jefe vino, me llamó aparte, y me hizo una pregunta de la que estoy seguro que todavía se está riendo hoy. También es una que probablemente nunca pensó que le preguntaría a su pastor: "Um, Todd, ¿estás en algo?". Yo estaba parado allí, confundido, con mi paquete boca abajo. Obviamente, debo haberme visto un poco ridículo.

Fue entonces cuando me di cuenta de que la respuesta era embarazosa, "Uh, sí". La medicación que me habían dado para el procedimiento todavía me estaba afectando, y ni siquiera lo había pensado cuando respondí a la llamada. Nuestro departamento de bomberos tiene una política de que nadie puede responder bajo la influencia, que siempre pensé que era una gran política. Por supuesto, nunca pensé que sería yo quien la rompiera.

Hubiera sido al menos tonto, y tal vez incluso estúpido para mí no admitir el problema ante mi jefe de bomberos y decirle que tenía razón. Estaba señalando un problema que todos podían ver menos yo. Estaba drogado, y no estaba en condiciones de estar en una escena de fuego ese día.

Afortunadamente ese año alguien más dejó su camioneta en *"drive"*, en lugar de "aparcar", al responder a un incendio. Después de que rodó lentamente sobre el bordillo y se detuvo en el lado de la oficina del abogado al otro lado de la calle, ganó el premio *blooper* y mis oraciones fueron contestadas.

Después de disfrutar otros dieciséis años luchando contra incendios, estos muchachos han visto mi compromiso con ellos y con el servicio de bomberos. Han mirado más allá de mi estupidez y me han dado la gracia de seguir sirviendo junto a ellos.

Parte de por qué me gusta Pedro, la roca, debe ser porque tengo mucho en común con él. No soy perfecto; tan solo dedicado.

5

OCULTAR (CULPAR)
Y BUSCAR

La honestidad completa es difícil para mí. ¿Puede Dios
manejar los pensamientos que escondo de todos los demás?

Es difícil esconderle cosas a mi esposa. Mis hijos saben esto, porque ella está "metida en todos sus asuntos", como ellos dicen. Ella conoce sus contraseñas, sabe a quién le envían mensajes de texto y sabe qué videos están mirando. La llaman "mamá acosadora". A ella no le importa. Pensamos que es nuestro trabajo como padres saber esto (pero, por supuesto, es mamá es quien sabe esto, porque yo no tengo ni idea). Y también es por eso que ella sabe todo sobre mí. Ella tiene todas mis contraseñas, también, y sabe lo mismo sobre mí.

Va más allá de la tecnología. A veces me levanto en la noche cuando no puedo dormir. Sin supervisión en el medio de la noche, de vez en cuando -sí, lo admitiré- como meriendas. Una vez me preguntó acerca de los panecillos de miel que comí. Recuerdo que me preguntaba cómo en el mundo lo supo, ¡había tirado la envoltura! Pero tuve que admitirlo, sí, me los comí cuando pensé que no estaba consciente y profundamente dormida. Aparentemente ni el sueño afecta su habilidad para saber cosas.

Todo esto es un problema real cuando tenemos una muy buena razón para ocultarle algo. Uno de sus lenguajes de amor es recibir y dar regalos, por lo que sorprenderla con regalos es muy importante, y he aprendido que no puedo esconderlos de ella en la casa. Debo decir "su casa", porque aunque duermo allí y tengo algunas gavetas para llamarlas mías, es su casa, en realidad, y todos lo saben. Por lo tanto, he recurrido a guardar regalos en mi camión durante semanas para ocultarlos, lo cual no es muy conveniente. Pero tengo que hacerlo, porque si entra a la casa, de alguna manera lo sabe. La CIA o la KGB podrían aprender algunas cosas de mi esposa.

Mi esposa es prácticamente omnisciente (lo sabe todo). Pero, por supuesto, ella no es omnisciente *realmente*. Esa palabra, omnisciente, es una que usamos para describir a Dios, porque solo Dios realmente puede saber todas las cosas. Podría ocultar algunas cosas a mi esposa, incluso más allá de los regalos en mi camión.

Por ejemplo, puedo ocultar de mi esposa todo tipo de cosas en las que estoy *pensando*. Ella no sabe cuál es mi vida de pensamiento a menos que yo le diga. E incluso cuando le cuento al respecto, no le digo *todo*, con todos los detalles sangrientos. Ella hasta podría tener cámaras en mí ahora, pero no saber lo que estoy pensando. Puedo ocultarle cosas. No quiero, pero por supuesto que puedo. Nuestra relación siempre tendrá esa barrera; siempre habrá ese desafío a la intimidad. Un matrimonio tiene mucho que ver sobre manejar ese desafío, y seguir siendo uno con el otro.

Con Dios, no hay barrera como la que tengo con mi esposa y con cualquier otra relación en el mundo. No hay desafío para Dios cuando se trata de conocimiento. Él sabe exactamente lo que estoy pensando. Dios conoce mis pensamientos en cada detalle específico. Entonces, no hay barrera que pueda construir que Dios no pueda ver a través de ella. Pero todavía intento construir las mismas con él que han funcionado tan bien con otras personas. ¿No haces lo mismo?

Él también conoce tus pensamientos. Pero las personas solo ven nuestras verdaderas actitudes y problemas cuando actuamos o decimos cosas que deberían haberse filtrado primero. Tengo un amigo que mantiene este cartel en el mostrador de su cocina: "¿Lo dije en voz alta?".

Sí, y desafortunadamente todos llegamos allí a veces. No importa cuánto suprimimos las cosas en las que pensamos o cómo ocultamos las cosas de las que nos avergonzamos, de alguna manera salen de todos nosotros… eventualmente.

EL ESPÍRITU ADOLESCENTE

"Tú sabes, los nietos son la recompensa de Dios por no matar a tu adolescente". Eso es lo que me dijo una anciana en un evento. Me reí tan fuerte cuando ella dijo esto… ¡Qué declaración tan hilarante! Ahora que tengo tres adolescentes, sé a qué se refiere.

Los adolescentes están naturalmente predispuestos a rebelarse. Y simplemente no pueden ocultar de nadie esa tendencia. Tienen lo que me gusta llamar el espíritu adolescente. Es aventurero, pero a veces peligroso. Están tratando de descubrir quiénes son y de diferenciarse de sus padres. Intentan descubrir qué sucede cuando cruzan las líneas, y tratan de negociar un nuevo orden para vivir.

Espero con ansias ese día en que me recompensen por ser un padre de adolescentes.

Sin embargo, muchos de nosotros conservamos algo de ese espíritu adolescente en nosotros: un poco de rebelión contra el mundo que nos rodea, y ciertamente contra la autoridad sobre nosotros, incluido Dios. He visto personas que han envejecido, pero que nunca crecieron. Pueden tener cuarenta y ocho años, como yo, sesenta y ocho o incluso ochenta y ocho, casi el doble de mi edad. Pero todavía no pueden ocultar ese espíritu adolescente que se esconde dentro de ellos.

He tenido el honor de hablar en todo el mundo, y cada vez que hablo les pido a todos los hombres de la audiencia que levanten la mano si les gusta cuando un adolescente les dice: "Tú eres el problema en mi vida, y tienes que retirarte". "Les pido que levanten la mano y me digan que aprecian el espíritu adolescente cuando los hijos dicen algo así como:"¡Sal de mi habitación, me estás arruinando la vida!". De San Antonio a Singapur, nunca he visto una mano levantada cuando pregunto esto.

Siempre digo lo siguiente: "Eres como Dios en ese sentido: no te gusta la rebelión contra ti. No te gusta la opinión miope -y como si tuviera derecho- de alguien que no sabe de lo que está hablando, y está ignorando por completo el hecho de que les dado todo lo que tiene en la vida. Tú sabes que es una injusticia".

Dios se siente de esta manera con respecto a nuestra rebelión y a nuestra opinión de que no lo necesitamos, a pesar de que nos ha dado todo y merece nuestra gratitud. Cuando no le damos a Dios lo debido, le molesta lo mismo que nos molesta a nosotros.

El espíritu adolescente nos irrita porque somos como Dios; estamos hechos a la imagen de Dios. Él era así antes que nosotros.

En estos entornos, siempre hago una segunda pregunta: "Ahora, si ese mismo adolescente, tu adolescente, regresara, meses o incluso años después de rebelarse contra ti, y dijera: 'Papá, lo siento. No estuvo bien que te dijera esas cosas. Yo fui ingrato y he hecho cosas de las que ahora estoy avergonzado. No quiero hacer esto nunca más. ¿Me perdonarás?'".

Les pregunto a estos hombres: "Por favor, levanten la mano si pueden perdonar a ese adolescente, si envuelven a ese hijo en sus brazos y lo perdonan por todo, porque esa es la mejor respuesta que podrían buscar y significaría mucho para ustedes?". Cada vez que pregunto esto, las manos vuelan por el salón, ya sean hombres jóvenes y sin hijos, o tatarabuelos. Hay demasiadas manos para detenerse y contar.

Les digo: "Eso es porque piensas como Dios también". Cuando tus hijos piden perdón, quieres dar gracia. No cambia lo que han dicho o hecho; solo quieres restablecer la relación con ellos. Dios también quiere eso. Eres como Él; estás hecho a su imagen. Este es el tipo de relación que Dios quiere contigo. Lo único que quiere es que digas: "Lo siento. No estuvo bien que te dijera esas cosas. Fui malagradecido y he hecho cosas de las que ahora estoy avergonzado. No quiero hacer esto nunca más. ¿Me perdonarás?".

Una y otra vez, tu Padre Celestial te envuelve en sus brazos y restaura esa relación contigo. Es como Él está conectado, igual que tú.

OCULTARSE

Estamos tentados a hacer caso omiso de las cosas que hacemos, y nos da vergüenza decir: "Acabo de cometer un error". Pero sabes que tienes cosas en tu vida que son más que simples errores. Estamos hablando de acciones intencionales, cosas que todos hemos hecho de las que no estamos orgullosos. Y no te sientes culpable de esos errores, ya que no los cometiste intencionalmente.

Tú podrías decir: "Bueno, nadie es perfecto", y yo diría que estás un poco más encaminado. Estas acciones intencionales, y nuestra tendencia a disculparlas, son lo que la Biblia llama pecado. Está bien hablar de estas cosas. No se trata de juzgarte a ti ni a los demás. Es solo una cuestión de ser honesto con Dios y no ocultar el hecho de que hacemos estas cosas.

Puede ofenderte y lastimarte profundamente si las personas cometen ciertas acciones contra ti o alguien a quien amas. También te lastima y te sientes traicionado cuando las personas te han defraudado, y se han negado a expresar gestos de amor que les pediste. ¿Cómo llamas a estas ofensas que otras personas cometen contra ti? Probablemente llamarás imperdonables a algunas de ellas. Dios también siente dolor. Y estas cosas que las personas hacen o dejan de hacer, que afligen el corazón de Dios, son las que las Escrituras llaman pecado. Y afortunadamente, para todos nosotros, Dios dice que nuestras acciones contra él son perdonables.

Las primeras personas de las que hablaron en la Biblia pecaron. Fueron provistos por Dios de todas las maneras concebibles, y solo una cosa estaba prohibida: comer el fruto del árbol en el centro de Edén. Por supuesto, las primeras personas no tardaron en ser atraídas: *"el árbol era hermoso y su fruto parecía delicioso"*.[1] Hacer las cosas que se supone que no debemos hacer puede parecer tan hermoso, incluso francamente delicioso. Y creemos que se nos dice mentiras, al igual que la primera persona que *"quiso la sabiduría que le daría"*.

Entonces, ellos *pecaron*. Esta es solo la primera de muchas decisiones para hacer lo contrario de lo que Dios nos dice que hagamos. Si yo hubiera estado en ese jardín en lugar de Adán y Eva, también me habría caído, estoy seguro.

Pero lo que sucedió a continuación es sobre lo que me interesa hablar contigo ahora. Después de que se les abrieron los ojos, se dieron cuenta de que estaban desnudos; así que se escondieron de Dios. Después de esconderse un poco del Creador del universo, Adán dijo: *"Tuve miedo... y me escondí"*.

Esto es lo que sucede cuando pecamos. No es tan solo el patrón para Adán y Eva: es el patrón para todos nosotros. Adán y Eva fueron simplemente los primeros. Lo hacemos de esta manera:

Primero, nos *escondemos*, luego *culpamos*.

¿Por qué se escondieron Adán y Eva? Porque estaban experimentando lo que todos experimentamos: *vergüenza*. Una traducción de la Biblia lo dice de esta manera: *"En ese momento, se les abrieron los ojos, y de pronto sintieron vergüenza por su desnudez"*.[2] Se dieron cuenta de lo que habían hecho, y nosotros también lo hacemos a un nivel básico. Lo único que podemos hacer es escondernos de Dios y escondernos unos de otros, como hicieron Adán y Eva. Es naturaleza humana.

Pero aún así fueron atrapados. Así es con Dios. Puedes correr, pero no puedes esconderte de alguien que es verdaderamente omnisciente. Y no importa cuán astutos creamos que somos: nuestro nivel de hurto *"de hojas de higuera cosidas"* no provee ningún camuflaje para escondernos de Dios.

Ahora, a veces nuestra tendencia a escondernos parece simplemente tonta. Una vez, cuando regañaron a mi hijo Colby por escribir en las paredes con crayón, se volvió hacia su madre y le hizo algunas preguntas bastante serias hace tres años: «¿Cómo sabes que lo hice? No me viste hacerlo. No me escuchaste hacerlo".

Me recuerda a varios delincuentes sobre los que leí que intentaron esconderse, pero finalmente fueron descubiertos. En Escocia, un hombre robó una botella de vodka, pero fue atrapado más tarde. ¿Por qué? Al salir, invitó a salir a una empleada y le dio su nombre y número de teléfono. En Carolina del Norte, varias cajas registradoras fueron robadas de un restaurante. Pero los policías resolvieron esto fácilmente, ya que el ladrón omitió arrancar la cinta blanca de la caja registradora, que la policía siguió unos cincuenta metros al lado del apartamento del ladrón, donde estaba tratando de abrir los registros en su sala de estar. En Minnesota, un hombre golpeó a una mujer en la cara después de discutir con ella. Cuando fue confrontado por un transeúnte, luego atacó a esa persona y salió corriendo, pero dejó caer una carpeta que tenía en la mano. El contenido de la carpeta condujo al hombre directamente, ya que los papeles tenían su nombre en ellos. ¿Cuáles fueron los papeles? Su tarea de una clase de manejo de la ira. Es un hecho que tampoco estaba haciendo bien esa clase.

Intentamos escondernos, pero de alguna manera nos atrapan. Si no es por los policías, somos atrapados por Dios, quien lo sabe todo.

Pero aquí está lo increíble: Dios sabe todo lo que has hecho, pero aún te ama. Dios sabía que Adán y Eva habían desobedecido, pero aún deseaba estar con ellos. Entonces Él los enfrentó y estableció el curso para hacer las cosas bien. El amor de Dios tampoco es como el nuestro, ya que Él es rápido para perdonar. Hubo consecuencias para Adán y Eva, y también para nosotros, pero Dios todavía quiere cruzar esa barrera y estar con nosotros, incluso mientras intentamos cubrirnos, con hojas de higuera y todo.

Nos escondemos, incluso, cuando no es algo que hicimos mal, sino cuando nos están haciendo algo malo; cuando alguien más está pecando. Eso es lo que enfrentó el profeta Elías, en 1 Reyes 19. La reina, Jezabel, había amenazado con matarlo, por lo que huyó con miedo y se escondió en una cueva. Después de proveerle comida y agua, Dios preguntó: "*¿Qué haces aquí, Elías?*"[3].

Ya sea que hayas hecho algo mal o que te hayan hecho algo malo, la reacción de todos nosotros es escondernos.

Pero no termina ahí. Una vez que nos encuentran, como estaban Adán y Eva, escondidos en los arbustos, como adolescentes, o como Elías, escondido en una cueva como un criminal en fuga, todos tendemos a hacer lo mismo: culpar.

CULPAR

Primero nos escondemos, luego *culpamos*.

Adán culpó a Eva. ¿Lo ves en ese pasaje? Él dijo: "*La mujer que tú me diste*"[4]. Ella le dio la fruta, y él simplemente se la comió, eso es todo. Entonces la mujer culpó a la serpiente que la engañó para que se la comiera. Por supuesto, Adán estaba culpando implícitamente a Dios mismo, no solo a Eva, diciendo "*La mujer que tú me diste*".

En lugar de asumir la responsabilidad de mis acciones, siempre es tentador poner el peso de mi culpa en los hombros de otra persona. Si me hubieran mirado de otra manera, si hubieran sido más amables o hubieran elegido un enfoque diferente, o si supieran que no soy una persona madrugadora, ¡esto nunca hubiera sucedido! Como ves, en realidad no es mi culpa.

Entonces, mi pregunta es doble: Primero, ¿cómo te estás *escondiendo*? Y, por lo tanto, ¿a quién estás *culpando*?

Esconderse de Dios viene en diferentes formas. Nos mantenemos ocupados para escondernos de Dios, tan estresados que nunca nos detenemos a pensar, y dejamos que la culpa se apodere de nosotros. Llenamos nuestros ojos y oídos con todo tipo de ruido y entretenimiento para no ver la mano de Dios, ni escuchar su voz. Verbalizamos nuestras justificaciones ante nuestros amigos, y eso se convierte en una historia, porque al final no nos escondemos de Dios o de los demás: ocultamos nuestro verdadero yo incluso de nosotros mismos.

Pero, ¿alguna vez te has sentido tan cansado por ocultar y culpar que has estado dispuesto a ir en una dirección diferente? Sencillamente no podías aguantar el peso que cargabas o fingir que ya no estaba allí.

DIOS SIN CENSURA

Recientemente Dios ha obrado en mí en dos grandes áreas. Quiero compartir una de esas contigo. En el exterior, mi vida estaba muy bien hecha, pero nadie sabía que dentro de mí cargaba amargura por haber sido maltratado por alguien cuando tenía veintitantos años. El dolor de esa experiencia volvería a aparecer esporádicamente en mi vida. Sentí que me estaba siguiendo y acechándome como un enemigo con una venganza personal. Recuerdo cómo -con demasiada frecuencia- se me metía el dolor debajo de la piel pensando en esos días de traición y oscuridad. Pero finalmente estaba cansado de luchar.

No podía ir a la persona directamente para tratar de reparar las cosas, y no estoy seguro de que ese fuera el punto, de todos modos. Solo necesitaba liberar la amargura. La realidad es que, en este punto, estaba siendo retenido por aferrarme de manera inapropiada a las cosas. Entonces, volví y me reuní con el pastor actual de la iglesia donde todo ocurrió. Le dije: "¿Puedo volver y pedir perdón?". Le conté algunas de las cosas feas que habían sucedido, pedí perdón y busqué la libertad. Ahora, ningún rayo brilló en el cielo con esto. No hubo truenos como un signo de aprobación de Dios. Simplemente estaba hecho. Lo superé. Más tarde, ese día, mi sobrino y yo fuimos a hacer ejercicio en un gimnasio. Cuando entré, alguien estaba diciendo mi nombre, alguien que me conocía. Mientras entrecerraba los ojos para ver quién era, me di cuenta de que era el hijo del hombre que tanto me había lastimado décadas atrás. Tuvimos una gran conversación, y estoy seguro de que usted no tiene ni idea de la historia que tuve con su padre, pero fue como si Dios me diera un pequeño regalo de dejar ir y moverme lejos de la amargura que había cargado.

Dios todavía no había terminado, porque cuando entré en el gimnasio, uno de los hombres que estuvo involucrado en toda la situación hace tantos años estaba allí, y tuve una conversación muy saludable con él acerca de esa época que causó tanta amargura en mí por tanto tiempo. Era como si Dios me estuviera diciendo: "Te traje aquí para que cierres esto, Todd, así que déjalo ir".

Nadie conocía la amargura en mi corazón, pero el Dios omniscien-te lo sabía. Después de esto, mi relación con Dios mejoró, y mi relación con los demás también. Todo el tiempo Dios conocía el daño del que podría sanarme. Finalmente se lo permití. ¡Cuán me-jor opción que esconderse o culpar!

LA NEGACIÓN DE PEDRO

Acabamos de hablar sobre Pedro, pero me gustaría compartir algu-nos detalles que dejamos fuera en el último capítulo.

Antes de que Pedro negara al Maestro, Jesús le dio a Pedro toda la primicia. Jesús incluso puso un cronómetro en el "pecado" que Pe-dro estaba a punto de cometer. *"Antes de que cante el **gallo** dos veces, negarás tres veces que me conoces"*.[5]

Por supuesto, Pedro discutió con Jesús: *"Aunque tenga que morir contigo, ¡jamás te negaré!"*. Pedro tenía el mismo espíritu adolescente que encontramos en nosotros mismos. Pero Pedro no tenía nada que pudiera esconder de Jesús. Nosotros tampoco.

Como la situación con Pedro nos muestra, Dios conoce todos los pecados que hemos cometido, todos los pecados que estamos co-metiendo ahora, e incluso todos los pecados que vamos a cometer. Él sabe todo esto, pero todavía elige perdonarnos y seguir restau-rándonos si solo asumimos humildemente la responsabilidad por nuestros pecados y le pedimos que nos ayude a apartarnos de ellos.

6

ECLESIÁSTICOS

*¿Está bien que no me gusten las personas
hipócritas de la iglesia? ¿Hay alguna defensa
sobre cómo tratan a las personas?*

Ella era menuda, cortés y vestía al estilo casual de negocios, cuando salió a la puerta de su pequeña, pero agradable casa, para conocer a mis amigos pastores.

Desde el porche de su casa podía ver la gran cruz que estaba frente a la iglesia cerca de donde venían mis amigos. La fría, pero clara noche de septiembre, tampoco impidió la posibilidad de conversación.

Mis amigos le pidieron su permiso para que les ayudara con una breve encuesta de cinco minutos, ya que estaban recopilando información para ayudarse a ocuparse mejor de los vecinos que viven cerca de su iglesia.

Después de tres años de conocer y saludar a las personas en los escalones de su casa, los pastores habían decidido una lista de tres preguntas. La primera: ¿Qué es lo más importante que una persona puede saber sobre Dios? La segunda: ¿Cuál ha sido tu mayor experiencia espiritual? Y la tercera: ¿alguna vez piensas en el Cielo y si vas a ir allí? En estos días, las personas no suelen querer hablar con otras personas en los escalones frente a su casa, pero quizá este era un día diferente.

La joven estuvo de acuerdo rápidamente, y estuvo dispuesta a participar.

Luego vino la primera pregunta. "¿Qué es lo más importante que una persona puede saber sobre Dios?". Ella se congeló. Su sonrisa desapareció, y su rostro se endureció. No fuerte, pero con firmeza, dijo: "Voy a pasar". Mis amigos no estaban listos para esa respuesta. Porque de las posibles mil quinientas puertas donde ya habían hecho esa pregunta, nadie acababa de "pasar".

Sin estar seguros de cómo continuar, hicieron la segunda pregunta. "¿Cuál ha sido tu mayor experiencia espiritual?".

Tratando de contener las lágrimas, la dama comenzó a temblar y luego habló. "Hace tres años, mi esposo murió. Fue un suicidio. Y mi iglesia dijo: 'Los cristianos no hacen eso', y me echaron fuera".

Mis amigos estaban aturdidos. Nunca hicieron la tercera pregunta. Ahora rodaban lágrimas por las tres caras en ese pequeño porche. El dolor que provenía de esa joven viuda amada por Dios era insoportable para todos ellos. Se había cometido una atrocidad contra esta mujer y contra Dios.

Mis amigos sintieron un nudo de dolor que solo Dios podía compartir con ellos en ese momento. Intentaron expresar cuán arrepentidos estaban por lo que le había sucedido a esta joven herida, pero pronto salieron de su puerta figurativamente abofeteados por lo que una "iglesia" le había hecho. Ni siquiera podían hablar el uno con el otro mientras andaban todo el camino de regreso a su iglesia, incapaces de visitar otra puerta esa noche.

Para empeorar las cosas, en el breve diálogo que siguió después de la respuesta dolorosa, pero amargamente honesta de la mujer, se expresó la suposición de que la iglesia era una congregación en la que su familia había crecido y había asistido durante años, una iglesia que probablemente incluía miembros de la familia.

¿Cómo podría pasar eso? ¿Los cristianos no saben que Jesús no le hizo eso a las personas? Él no pateó a las personas que estaban abajo y afuera.

Las heridas ocultas son a menudo las que más difícil nos hacen ayudar a cualquier persona. Y los suicidios son a menudo el peor y más confuso dolor que experimenta una familia de la mano de alguien a quien aman. Estoy seguro de que esta mujer probablemente fue la persona más sorprendida y profundamente herida por el suicidio de su joven esposo.

Jesús permitió que personas con heridas profundas lo tocasen, y Él los tocó todo el tiempo. Jesús la habría apoyado, habría llorado con ella y habría levantado a esta viuda quebrantada y afligida de veintitantos años.

¿No haría lo mismo la verdadera iglesia de Jesús?

HIPÓCRITAS

Los líos que crean los feligreses son enormes. Me resulta doloroso usar la palabra *cristiano* para describir el comportamiento de algunas personas hoy. Obviamente, muchas iglesias están formadas por seguidores legítimos de Cristo. Son honestos, atentos y seguidores de Cristo, pero no perfectos. El otro grupo que parece pasar mucho tiempo en los medios en estos días no es como el primero. Estas personas solo fingen ser cristianas. Han agregado algunas reglas que Jesús nunca mencionó, o al menos han abandonado la gracia y la compasión que Jesús mostró a todas las personas. Me gusta llamar a este segundo grupo lo que son, eclesiásticos. Creo que es tan irónico que los eclesiásticos tengan tanto miedo de otras religiones. Las amenazas reales al mensaje de Cristo son personas que tergiversan dolorosamente a Jesús en este mundo herido y confuso.

Toma a mi abuela, por ejemplo. Hace años, ella trabajaba con los jóvenes en una pequeña iglesia muy conservadora, en el área donde vivía. Le gustaba estar involucrada con sus hijas, y mi madre y mi tía tienen buenos recuerdos de aquellos días.

Pero luego un grupo de damas se enfadó con mi abuela porque llevaba un anillo de matrimonio, que, en ese momento, era una cuestión de oscura controversia para estas personas conservadoras que cuestionaban el uso de "joyas innecesarias". Conspiraron juntas y forzaron al pastor a abordar el asunto. Le notificó a mi abuela que tendría que quitarse el anillo de bodas o ir a la iglesia en otro sitio.

Me veo igual de responsable de corregir ese error en mi propia iglesia. Los eclesiásticos no tienen derecho a dispensar tal falso juicio. Tiene profundas consecuencias.

¿Qué hubiera dicho Jesús sobre mi abuela y la mujer viuda con la que hablaron mis amigos? En el libro de Mateo, Jesús no habló con remilgos sobre este tipo de actividad entre los religiosos. Él usó su advertencia más terrible contra aquellos que echaran a alguien fuera del Reino de los Cielos: "*¡Qué aflicción les espera, **maestros** de* *la ley religiosa y fariseos! ¡Hipócritas! Pues le cierran la puerta del reino del cielo en la cara a la gente. Ustedes no entrarán ni tampoco dejan que los demás entren…!"*[1] Si estás harto de los hipócritas entre los religiosos, entonces tienes la misma actitud que Jesús tenía. Estaba harto de esto dos mil años antes que tú.

Muchos que son maltratados por una iglesia comienzan a dudar de Dios y de su fe. Algunos incluso consideran cambiar su religión a otra. Te diría esto: no cambies tu fe, solo cambia de iglesia.

En serio, no tengo miedo de decir que si las personas actúan así en tu iglesia, sigue adelante. Dios no te llama a permanecer fiel a un pueblo que no le es fiel. No es tu trabajo llevarte a otros contigo o dispararles al azar mientras sales (entonces estarías haciendo lo que hacen). En su lugar, solo llega a un lugar saludable donde las personas sean realmente como Cristo. La vida es demasiado corta para gastarla toda con los eclesiásticos.

PERSONAS DE IGLESIA

Debido a mi trabajo en los últimos años, he tenido el privilegio de viajar por todas partes y hablar con todo tipo de personas, muchas de las cuales no están en la iglesia ni lo han estado durante algún tiempo. Escucho de ellos este tema consistente: "¿Cómo puedo confiar en Dios cuando sé que no puedo confiar en tantas personas de la iglesia?".

Quiero hablar contigo sobre las personas de la iglesia y confiar en Dios. Si te molesta la hipocresía de la iglesia, o tienes problemas para entender cómo Jesús puede ser todo lo que está hecho para ser, cuando sus seguidores son tan desastrosos a veces, entonces tenemos mucho de qué hablar.

Así que piensas que tienes problemas con las personas de la iglesia. Entérate: soy pastor, ¡así que estoy con estas personas todo el tiempo! Tengo *muchos* más problemas que tú con las personas de la iglesia. Me encanta trabajar con personas que vienen a la iglesia para ofrecer sus vidas a Cristo. Ellos quieren aprender. Ellos quieren servir. Incluso parecen disfrutar a Dios. Pero a los eclesiásticos generalmente les gusta que las otras personas en la iglesia les den su vida a ellos, especialmente el pastor.

Ya no me defiendo más de este tipo de personas. También podrías cambiar la palabra "pastor" en la puerta de la oficina de la iglesia a "oficina de quejas" porque a través de los años, he recibido toda clase de quejas de parte de las personas de la iglesia. Suenan así:

> Tus hijos no están actuando como deberían.
> Tu esposa no usa lo que debería usar.
> La predicación no es lo suficientemente profunda para los cristianos maduros aquí.
> La predicación no es accesible lo suficientemente para las personas nuevas aquí.
> Tu casa es demasiado bonita. No es apropiada para un ministro.
> Tu jardinería necesita ayuda. Hace que la iglesia se vea mal.
> Un pastor no debe manejar un camión súper cómodo como ese. Despilfarro.
> Necesitas pasar más tiempo haciendo _____ y menos haciendo_____.

He visto esos dos espacios en blanco con todo lo que hay debajo del sol. Lo bueno de pastorear en el mismo lugar durante dos décadas es que empiezas a escuchar lo mismo una y otra vez, y no te sorprende como solía hacerlo. Simplemente te lo sacudes y pasas al trabajo que importa.

Incluso me apena no usar corbatas todo el tiempo. Aquí está la cosa: soy bajo y fornido, un tipo pequeño con un cuello grueso y brazos cortos. Los lazos me ahogan porque no puedo abotonar el cuello superior de las camisas cortas que necesito usar. Las usaré para fiestas y bodas, pero de lo contrario soy un tipo de cuello abierto. Pero algunas personas están tan obsesionadas con las pequeñas cosas, que actúan como si estuviera deshonrando la tumba de su madre al no usar corbata cuando comparto un devocional en una reunión de oración.

Lo que realmente duele es el hecho de que conozco personas que no pertenecen a la iglesia y se apresurarían a entrar en un edificio en llamas para salvar a alguien de un incendio. Luego conozco a algunas personas de la iglesia que, si vieran a alguien quemarse, solo llamarían a su pastor para hablar de ello.

Pero no soy solo yo. Si estás irritado por estos tipos supuestamente espirituales, estás en buena compañía; Jesús también lo estaba.

En el capítulo 13 del libro de Lucas, Jesús sanó a una mujer que había estado lisiada durante dieciocho años y no podía mantenerse en pie. Ella elogió a Dios en voz alta por esto de inmediato. Pero el líder religioso a cargo del lugar donde estaba adorando se enojó por la curación, porque se hizo en el día santo. La palabra usada es "indignado" o "muy disgustado". Se refirió a esta minucia, y dijo que las personas deberían ser sanadas tan solo los otros seis días de la semana.

Jesús no miró para otro lado. En cambio, dijo: *"¡Hipócritas! Cada uno de ustedes trabaja el día de descanso. ¿Acaso no desatan su buey o su burro y lo sacan del establo el día de descanso y lo llevan a tomar agua? Esta apreciada mujer, una hija de Abraham, estuvo esclavizada por Satanás durante dieciocho años. ¿No es justo que sea liberada, aun en el día de descanso?".* [2] Básicamente estaba diciendo que estaban tan tensos con sus reglas religiosas que se preocupaban más por sus burros que por las personas a las que Dios los envió a cuidar.

¿Podría ser que Jesús caminara hacia los eclesiásticos hoy y los confrontara, acusándolos de valorar sus propias reglas y sus propias mascotas más que las vidas de las personas a su alrededor? La mujer necesitada en Lucas 13 fue valorada por Jesús. Si tú o alguien a quien amas ha sido alguna vez minimizado o desvalorizado por alguien que sospechas que es un cristiano hoy, ¡tú le importas a Jesús mucho más de lo que jamás podrás saber!

DOS HIJOS

En el libro de Mateo, capítulo 21, Jesús contó la historia de un hombre con dos hijos. Le dijo al mayor que trabajara en el viñedo, y él dijo que no, *"pero más tarde cambió de idea y fue".* [3] Luego le dijo a su hijo menor que fuera también, y siempre respetuoso, él dijo: *"Sí, señor, iré".* Pero aquí está el truco: el segundo hijo no fue en absoluto.

Entonces, Jesús preguntó a *"los principales sacerdotes y los ancianos"*[4] que estaban allí para desafiarlo: *"¿Cuál de los dos obedeció al padre?".* Estos sacerdotes y ancianos respondieron que fue el hermano mayor, el primero, quien obedeció. Aunque dijo que no iría, lo que importaba era que fuera.

Jesús no dudó un momento: *"Les digo la verdad, los corruptos cobradores de impuestos y las prostitutas entrarán en el reino de Dios*

*antes que ustedes. Pues Juan el Bautista vino y les mostró a ustedes
la manera correcta de vivir, pero ustedes no le creyeron, mientras
que los cobradores de impuestos y las prostitutas sí le creyeron. Aun
viendo lo que ocurría, ustedes se negaron a creerle y a arrepentirse de
sus pecados".* [5]

Este es un gran problema. Estos principales sacerdotes y ancianos
eran las personas más espiritualmente poderosas en toda la tierra
de Jesús en ese momento. Eran como los obispos, los presidentes
de denominaciones de la iglesia y los superintendentes de su época. Dictaban la verdad e interpretaban las Escrituras, y no estaban
acostumbrados a ser desafiados en nada, y mucho menos a que les
dijeran que estaban equivocados sobre obedecer a Dios.

Además, Jesús señaló que los más bajos de todos -los *"corruptos
cobradores de impuestos y las prostitutas"*- eran más obedientes de lo
que eran ellos, y entrarían al Cielo antes que ellos. ¡Esto es asombroso! Estos sacerdotes y ancianos líderes no podían imaginar a
alguien más antiético, ladrón e inquietante que un corrupto re-
caudador de impuestos confabulado con el gobierno romano. No
podían imaginar a alguien más repugnante y vil que la prostituta
vendiendo su cuerpo en callejones oscuros.

Jesús, sin embargo, veía las cosas de manera diferente. Él sabía que
si pones a un lado a un hombre de negocios corrupto, que sabía
que estaba equivocado y luego cambiaba sus caminos y comenzaba
a seguirlo, y al otro lado un hombre religioso que albergaba un mal
secreto que nadie conocía, entonces el hombre de negocios estaba
más cerca de Dios. Él sabe que una stripper de veinticinco años de
edad drogada con heroína, que llega a un punto de buscar a Jesús
y comienza a cambiar sus costumbres, está más cerca de Dios que
la mujer religiosa que mira por encima del hombro a cada mujer

joven que conoce, juzgándose a sí misma como mejor que ellas en todo momento.

Jesús lo aclara: la religión no es el punto. Él no está aquí para comenzar una nueva religión, está aquí para comenzar una revolución, y comenzará fuera de los tipos súper espirituales. La religión es una realidad social en toda sociedad. Está aquí para hacer algo completamente diferente.

Ya se predijo en Isaías 43:19. . . *"Pues estoy a punto de hacer algo nuevo. ¡Mira, ya he comenzado! ¿No lo ves? Haré un camino a través del desierto; crearé ríos en la tierra árida y baldía"*. [6]

Entonces, aquí está la sorpresa para ti, si no confías en los religiosos. Estás en buena compañía: Jesús tampoco confiaba en ellos. Además, a Jesús le importa más tu verdadera obediencia, tus acciones que prueban que lo estás siguiendo. Él no está buscando una tarjeta de membresía o un registro de presentarse y sentarse en un salón para probar que lo sigues. No está buscando personas que digan que van a trabajar en el viñedo; Él está buscando a los que aparecen, incluso si dijeron antes que no lo harían.

Si te estás sacrificando por otras personas, haciendo algo por la comunidad, entonces estás en el camino correcto. Estás más cerca del reino de Dios de lo que piensas.

COMO NOSOTROS O COMO JESÚS

La palabra *cristiano* tiene un origen interesante. En Hechos, el relato en la Biblia de la iglesia primitiva, hablaba sobre Bernabé y Pablo, primeros líderes apostólicos. Bernabé fue a buscar a

Pablo, quien se había convertido a Jesús dramáticamente después de odiar a la iglesia más que a nadie. Lo llevó a la ciudad de Antioquía, y el libro dijo: *"Una vez que llegaron a Antioquía, reunieron a la iglesia y le informaron todo lo que Dios había hecho por medio de ellos y cómo él también había abierto la puerta de la fe a los gentiles. Y se quedaron allí con los creyentes por mucho tiempo"*.[7] (Fue en Antioquía que los creyentes fueron llamados cristianos por primera vez).

Entonces, la palabra *cristiano* simplemente significa "como Cristo". Estas personas eran conocidas por sus acciones y, por lo tanto, estaban asociadas con Jesús. Quedó así. Tiene sentido. Pero entiende esto: Jesús no inventó el término *cristiano*. Incluso la propia iglesia no tuvo una reunión de "establecer marca" con rotafolios y decidió que este era su nuevo nombre, al develar un logotipo y un sitio web. Era lo que *el mundo* llamaba *la iglesia*.

Este es el trato: el término *cristiano* es un título que ganas, no uno que autoproclamas. No te preocupes por los eclesiásticos que se hacen llamar cristianos. Eso no importa para Jesús en absoluto. Busca a las personas que demuestren ser "como Cristo". Esos son los verdaderos; esos son los que prueban que Dios es real en sus vidas.

El problema es cuando las personas comienzan a darle la vuelta. No confían en Jesús porque creen que Jesús es "como nosotros", es decir, "como la iglesia". Así no es como funciona. Incluso una gran iglesia que intenta ser cada vez más como Jesús no es una verdadera representación de Jesucristo. Ellos también te fallarán eventualmente. Jesús no es como la iglesia, pero los verdaderos cristianos se van pareciendo más a Cristo.

LAS PROMESAS DE DIOS

Entonces, no te preocupes por decir que sí a la iglesia primero. Dile sí a Jesús. Conviértete más y más como Él. Preséntate al viñedo al que te envía, sea lo que sea que parezca, obedeciéndole en tu comunidad, marcando la diferencia.

Puedes confiar en Dios, incluso si crees que aún no puedes confiar en su gente. Puedes confiar en Él, dice la Biblia, *"debido a su gloria y excelencia"* ...porque *"nos ha dado grandes y preciosas promesas. Estas* **promesas** *hacen posible que ustedes participen de la naturaleza divina y escapen de la corrupción del mundo, causada por los deseos humanos".*[8] Sus promesas son intensas y muy significativas para tu vida. ¿Puedo compartir algunas contigo?

+ **Dios promete escucharte.** ¿Alguna vez sientes que nadie te escucha mucho? ¿Tienes problemas para ser realmente escuchado? Nadie escucha como Dios. La Biblia dice: *"Pues yo sé los* **planes** *que tengo para ustedes —dice el* Señor—. *Son* **planes** *para lo bueno y no para lo malo, para darles un futuro y una esperanza. En esos días, cuando oren, los escucharé".*[9] Si no has intentado orar antes, entonces comienza a hablarle a Dios, incluso gritando y quejándote si es allí donde necesitas comenzar. Puedes sentir una sensación de silencio al principio, pero eso es bueno. Mucho mejor que todos aquellos que no escuchan, que hablan por sus palabras, que solo escuchan para poder comenzar a decir lo que quieren decir. Dios es un oyente.

+ **Dios promete cargarte.** Él no te dejará solo si te caes. Él estará allí hasta el final. La Biblia dice: *"Yo seré su Dios durante toda su vida; hasta que tengan canas por la edad. Yo los hice y cuidaré de ustedes; yo los sostendré y los salvaré".* [10] Wow... Este es el tipo de apoyo que obtienes de tu Creador. Deja que te cargue cuando creas que no puedes continuar. ¡Ese es alguien en quien puedes confiar!

+ **Dios promete darte descanso.** ¿Alguna vez sientes que no puedes obtener el verdadero descanso? Tienes días libres o vacaciones, pero hay algo de cansancio dentro de ti que nadie puede curar. Ese es el descanso que Dios da. La Biblia dice: *"Luego dijo Jesús: «Vengan a mí todos los que están* **cansados** *y llevan cargas pesadas, y yo les daré descanso".* [11] Puedes tener algunas cargas muy pesadas, pero Él está listo para curar ese cansancio y finalmente darte el descanso espiritual que necesitas.

NARRATIVA DE COMIENZO

Hoy en día se escucha mucho sobre la narrativa: la narración de un partido político, la narrativa de los medios, la narrativa de Hollywood. Parece que dos líderes diferentes pueden ver los mismos hechos y tener una narrativa diferente, una historia diferente.

Debo admitir que la iglesia a veces también se deja llevar por este hábito. Un amigo en mi iglesia, John, me lo dijo de esta manera: "Antes de conocer a Dios, miraba todas las iglesias de la ciudad, y de la forma en que lo entendía, todos los que iban a esas iglesias veían que cada iglesia tenía su propias reglas, elegían una iglesia que coincidía con su estilo de vida y luego enseñan lo que te gusta". ¡Ay! ¡Esta no es la forma en que se supone que es la vida de la iglesia! Las denominaciones y las diferentes iglesias no deberían ser tan solo un lugar para alinear tus elecciones predeterminadas en la vida, de manera que te rodeas perpetuamente con otras personas que ya están de acuerdo con todo lo que dices. Las personas necesitan buscar y encontrar iglesias que les enseñarán a seguir a Cristo en todas las cosas, tanto las fáciles como las difíciles. Es por eso que encuentro una pequeña satisfacción cuando alguien no está de acuerdo con lo que estoy predicando en mi iglesia. La realidad es que no quiero que estén de acuerdo conmigo todo el tiempo; quiero estirarlos, no mimarlos.

Al final, las narrativas mediáticas, políticas o de Hollywood no conducen a la verdad. Ni los bautistas ni los luteranos ni los católicos, ni siquiera mis propias narrativas wesleyanas. Necesitamos una fuente para la verdad que está fuera de estas instituciones hechas por el hombre, ya sean seculares o las consideremos sagradas.

La Escritura es donde encontramos esa fuente no subjetiva. Notarás en este libro que no me limito solamente a confiar en mi opinión; confío en la Escritura. Esto puede ser difícil para ti, ya que puedes no tratar la Biblia con la reverencia que yo lo hago. Pero no te des por vencido todavía. Al comenzar con la Escritura, comenzamos con una narración que no es fácil descartar como "solo la opinión de otra persona". En estos días de líneas de tiempo de medios sociales, noticias falsas y cabezas parlantes, necesitamos un lugar para encontrar la verdad invariable.

Si eres nuevo en la Biblia, por favor escucha atentamente lo que tengo que decir a continuación. No empieces con Génesis, por favor. Si quieres mantenerte en el camino espiritual correcto, primero debes aprender todo lo que puedas sobre el verdadero Jesús. Comienza a leer los libros de Mateo, Marcos, Lucas o Juan. Y planea quedarte ahí un rato; quizá el siguiente mejor consejo es leer estos libros varias veces antes de comenzar a leer otra parte de La Biblia.

Quiero alentarte a que te desvíes de las narrativas de nuestra sociedad y de los hipócritas y eclesiásticos. Son solo una distracción para desviar tu atención del Cristo que se supone que ellos son, pero que no son. Él viene y te pide que lo sigas con todo tu corazón. Conviértete en lo que esos hipócritas no son. Si los corruptos recaudadores de impuestos y las prostitutas están más cerca del Reino de los Cielos que ellos, ¿cuán cerca estás tú ahora mismo?

PENSAR EN MÍ

No pienso mucho acerca de Dios;
¿Él piensa mucho acerca de mí?

Después de los ataques del 11 de septiembre de 2001, la capacitación en manejo de estrés por incidentes críticos comenzó a extenderse por todo el país. Fui entrenado para este trabajo, especialmente para los tiempos en que el departamento de bomberos tiene una fatalidad. El personal de bomberos y los policías en todas partes necesitan un lugar para descargar el peso de las tragedias que enfrentan antes de que implosionen sus matrimonios o sus propias vidas.

Sin embargo, cuando ve a bomberos voluntarios, puede verse tentado a no verlos de la misma manera que a los profesionales. Pero hay una realidad dura para lo que hacemos. Es cierto que no respondemos al mismo volumen de llamadas que hacen los profesionales, pero respondemos al mismo tipo de llamadas. Tenemos que cumplir con los mismos requisitos de capacitación y preparación que cualquier departamento pagado. Entonces, nuestro verdadero manejo debería ser de "profesionales no remunerados".

Pero lo más difícil que nos distingue de los grandes departamentos de bomberos de las grandes ciudades es nuestra red. Venimos de un pequeño pueblo, así que a menudo conocemos a las personas involucradas en aquello a lo que respondemos. Cuando nos presentamos en la escena, a menudo conocemos a la víctima. Precisamente en los días en que escribo este libro, alguien que yo conocía se le volcó el auto y murió. Uno de los hombres de mi iglesia trabajaba con ella todos los días y quedó devastado por su muerte. Todo el personal de emergencia se conmueve por lo que ven, incluso cuando es un extraño. Pero cuando nos presentamos los voluntarios de las ciudades pequeñas, la persona detrás de la rueda generalmente no es un extraño.

Imagina esta situación de nuestro departamento de bomberos en años pasados: un grupo de bomberos se encuentra en el primer camión de bomberos en la escena de un vuelco, y cuando encuentran el accidente, saben de inmediato quién es la fatalidad. Es el hijo de su amigo, y también es un bombero, respondiendo con un camión o dos detrás de ellos. Entonces, están llamando al vehículo de comando en su teléfono celular para tratar discretamente de llamar al otro camión de bomberos, porque él simplemente no puede ver esto todavía. Su hijo de seis años yace sin vida entre los restos. Estoy llorando ahora mismo pensando en esa situación; no hay palabras para eso.

Ese es el tipo de cosas con las que debe lidiar un bombero de un pueblo pequeño.

DIOS EN TODAS PARTES

Uno de los mayores honores que tengo en la vida es también uno de los deberes más difíciles de mi vida. Sirvo como capellán de bomberos del estado. Esto significa que cuando hay un muerto en nuestro personal de respuesta a incendios de emergencia, a menudo voy al funeral y represento a todos los bomberos en el estado de Nebraska. Realizo entierros como pastor todo el tiempo, pero como funerales de línea de servicio también son un completo contraste con el servicio funeral promedio. Incluso mientras estaba trabajando en este capítulo, acababa de asistir a uno de esos funerales. Un hombre había muerto en el cumplimiento del deber, sirviendo a su comunidad. Nada fuera de lo común; el localizador indicó que una ambulancia necesitaba responder a una residencia local. Sin llamas. Sin humo. No hubo cristales rotos ni destrucción. Pero hubo suficiente estrés para desencadenar una anormalidad en el corazón de un hombre joven de treinta y tantos años. Su familia ni siquiera le pudo decir adiós.

Después del funeral, lleno de gente, en la estación de bomberos, hablé en el sepelio, que es cuando llevamos el cuerpo a la tumba. Allí, la familia debe decir su última despedida sobre el ataúd. Todas las muertes son difíciles, pero estas son siempre trágicas, honrando a alguien que fue heroico, pero ahora se ha ido.

Para una muerte en la línea de servicio, el sepelio es mucho más importante que otros funerales. Hay camiones de bomberos y una alineación de bomberos con uniforme de gala. A menudo, dos camiones de bomberos dispararán sus cañones de agua al aire, cruzándolos para obtener un efecto visual, mientras las gaitas interpretarán simultáneamente la famosa melodía de "Gracia asombrosa" (*Amazing grace*).

Cuando veo todo esto, me recuerda que si bien es posible que no vea este tipo de apoyo público y afirmación en el funeral de tu ser querido, Dios le da la misma cantidad de atención que a cualquier otro héroe individual que entierren otras familias. Dios presta tanta atención a los que nuestro público pasa por alto como a aquellos a quienes honran. Dios piensa en ti, o en tu abuela y abuelo, más de lo que piensas que Él lo hace.

Ya sabes, muchos bomberos con los que he hablado a través de los años no van a la iglesia, pero creo que prefiero hablar con los bomberos que hablar con muchas de las personas que van a la iglesia semana tras semana y no escuchan. Al igual que un esposo podría ser acusado de ignorar a su esposa, conozco a muchos que han desconectado a su pastor. He tenido bomberos sin iglesia que vienen y me repiten exactamente lo que les dije de la Biblia tres meses antes, palabra por palabra. Dios está obrando...

A menudo leo del Salmo 139[1] en este tipo de servicio fúnebre. Es uno de los pasajes más bellos de la Biblia. Creo que este pasaje habla sobre el punto principal que quiero hacer en este capítulo, así que tómate un tiempo para leer esos versículos conmigo, pensando en cómo Dios nos conoce a cada uno de nosotros.

Cuando pensamos en Dios, a menudo pensamos en sus cualidades de grandeza en términos del universo, en términos de planetas y sistemas solares y creación. Pero lo que hace que Dios sea más poderoso, lo que hace a Dios más real, es el hecho de que el Creador de todas las cosas se toma el tiempo de fijarse en ti y en mí. El salmista que escribió el Salmo 139, probablemente el Rey David, lo expresó de esta manera: "Señor, *tú me examinas, tú me conoces*". El conocimiento de Dios no es solo de las cosas que son eternas; es de las cosas dentro de ti y de mí.

Esto incluye mis propios pensamientos: *"Aun a la distancia me lees el pensamiento. Mis trajines y descansos los conoces; todos mis caminos te son familiares"*. De hecho, *"no me llega aún la palabra a la lengua"*, y el Salmo 139 dice algo más que interesante de Dios: *"ya la sabes toda"*.

Esto es difícil de entender. Honestamente, me duele el cerebro de pensar en todo lo que está en el cerebro de Dios. El Salmo 139 lo dice de esta manera: *"Conocimiento tan maravilloso rebasa mi comprensión; tan sublime es que no puedo entenderlo"*.

El rey David comenzó a preguntarse cómo podría incluso escapar de la cuidadosa atención protectora de Dios. ¿Podría huir de Dios? No, él nunca podría escapar de esa presencia. *"Si subiera al cielo, allí estás tú; si tendiera mi lecho en el fondo del abismo, también estás allí. Si me elevara sobre las alas del alba, o me estableciera en los extremos del mar, aun allí tu mano me guiaría, ¡me sostendría tu mano derecha!"*. Dios no tan solo está presente en todos estos lugares, sino está allí para guiarte, sujetarte fuerte y protegerte.

Este es un gran problema. Dios está contigo en un avión o en un submarino, está allí si te paras en una montaña en Japón, mirando hacia el brillante amanecer, y él está allí contigo si viajas a Alaska para ver la última puesta de sol que inicia un largo y duro invierno.

Estos días estoy notando mucha conversación acerca de una misión con personal a Marte. Parece que los seres humanos quieren convertirse -como dicen- en una "especie interplanetaria". Bueno, adivinen qué: si mis bisnietos algún día están tan avanzados que colonizan a Marte, si están en una montaña en Marte, y miran el amanecer en esa gran bola roja, Dios también está allí. Nunca podremos, nunca huiremos ni escaparemos de Dios.

LA ATENCIÓN DE DIOS A LAS PEQUEÑAS COSAS

Esta es una cualidad de Dios que me encanta: la grandeza de Dios no afecta su atención al detalle, a las pequeñas cosas en su vida. Las cosas grandes comienzan a ser tan grandes que casi no las puedes comprender. Si te paras a mirar el Gran Cañón, es tan grande que las distancias ni siquiera tienen sentido. Si bloquearas ambos extremos del cañón, tomaría 1,1 trillones de galones de agua para llenarlo. Si no lo bloqueaste, tendrías que inundar mucho de toda la tierra para exceder la altura de los bordes de ese cañón. Esa escala es difícil de comprender.

En febrero de 2016, Riccardo Sabatini pronunció un TED Talk acerca del genoma humano, el código genético completo de un solo ser humano. En un momento, hizo un gran truco: invitó a Craig Venter, el primer hombre en secuenciar el ADN humano, a unirse a él en el escenario. Pero en lugar del hombre en la carne, cinco asistentes empujaron los carros de la biblioteca apilados con enormes libros.

Sabatini explicó que no era Venter en persona, sino que "por primera vez en la historia, este es el genoma de un ser humano específico, impreso página por página, letra por letra: 262,000 páginas de información". En 175 libros, habían impreso un humano, o al menos los datos que componen un humano. En el escenario, Sabatini leyó ocho letras, el color de ojos del científico, y luego otra serie de letras que, si estuvieran en un orden diferente, significarían que Venter tendría fibrosis quística.

Esto es lo complejo que soy y lo complejo que eres. Pero Dios lo comprende todo. Él es lo suficientemente grande como para llenar el Gran Cañón, y lo suficientemente personal como para saber cada letra y su orden en tu código genético, tejiéndolo como David dijo en el Salmo 139: *"Tú creaste mis entrañas; me formaste en el vientre de mi madre. ¡Te alabo porque soy una creación admirable! ¡Tus obras son maravillosas, y esto lo sé muy bien! Mis huesos no te fueron desconocidos cuando en lo más recóndito era yo formado, cuando en lo más profundo de la tierra era yo entretejido. Tus ojos vieron mi cuerpo en gestación: todo estaba ya escrito en tu libro; todos mis días se estaban diseñando, aunque no existía uno solo de ellos"*.

Se puede encontrar más prueba de cuán grande y real es Dios en el hecho de que el conocimiento y el amor íntimos que tiene para nosotros no se centra en uno solo de nosotros. Él te ama con la misma fuerza y energía que él me ama. Muchos han dicho: "Dios nos ama a cada uno de nosotros como si solo hubiera uno".

Como padre, noté que para mis hijos, yo siempre era la vara de medir con la cual comparar las cosas. Incluso cuando mi hijo tuvo su experiencia en el Cielo que relatamos en el libro anterior, comparó todo conmigo. Diría que una espada era tan alta como yo, o que cierto ángel era el doble de alto que yo. Ahora, por supuesto, mis hijos saben que no soy tan grande, que su padre es realmente bajo. Han visto mi baja estatura, mi mal genio, mi corta visión y mi poca sabiduría a veces. Pero también tienen al verdadero Padre Celestial para comparar las cosas con él ahora. Ellos tienen a Dios. Él es realmente grande en todos los sentidos que yo no alcanzo.

Creo que es un acto de adoración decir que Dios es grande y real. Si podemos alejarnos de nuestro egoísmo, descubriremos que Dios nos ha dado el potencial de hacer cosas increíbles. La mayoría del amor, los valores y la rectitud de Dios son similares a lo que queremos ver en el mundo cuando estamos en el camino correcto.

PROGRAMA CANADIENSE
PRESENTA UN AGNÓSTICO

Estuve una vez en un programa de noticias en Canadá y el productor me advirtió: "En Canadá, no podemos simplemente ponerlo en el programa; debemos tener ambos lados, para que haya un poco de debate". No sabía de qué estaba hablando, pero solo seguí la corriente. Entonces, pusieron a una persona agnóstica en el programa conmigo, y después de que compartí parte de mi historia, él comenzó a "debatirme".

Esto es lo que ocurre en un debate: debe haber dos personas participando para que realmente sea un debate. Yo no me inclino mucho por debatir. Y estaba seguro de que debatir con este tipo no iba a cambiar su mente o las mentes de los espectadores. En cambio, todos aquellos inclinados a pensar como él simplemente estarían de acuerdo con él y pensarían que yo era un idiota, y viceversa para las personas que ya estaban inclinadas a pensar como yo. Por lo tanto, gran parte de la televisión de estilo debate no hace una diferencia en el mundo de hoy.

Entonces, solo le hice una pregunta al tipo: "¿Eres honesto?".

Vaciló, claramente sorprendido, y con cuidado, pero sin atreverse, dijo: "Por supuesto".

Le dije: "Bueno, si eres honesto, ve a casa hoy y ora una oración honesta como esta: 'Dios, si eres real, sé que sabes que soy sincero contigo ahora mismo. Te estoy preguntando si eres real, y si Jesús es tu hijo. Te pido que me lo muestres si es verdad'.

Dios responde esta oración. Es por eso que las Escrituras repiten una y otra vez: *"Me buscarán y me encontrarán cuando me busquen de todo corazón".* [2] No necesitamos tener todas las respuestas; solo debemos pedirle a las personas que le pidan a Dios las respuestas, y él se las brindará. Una y otra vez he visto a Dios contestar esta oración, si la oras honestamente.

RESPUESTAS REALES A LA ORACIÓN

Me hice cristiano con solo nueve años de edad. ¿Por qué? Comencé a pedirle cosas a Dios y él comenzó a responder a mis oraciones. Esta voz "interna" comenzó a conectarse con mi alma y empezó a desafiarme. De la manera más innegable, pero personal que Dios pudo haberme hablado, demostró que estaba allí. Él demostró que era real. Y él quería que yo le respondiera. Este flaco, de pelo claro, con dientes salientes y patizambo de nueve años, le importaba a Dios.

Hay una oración muy poderosa que todos podemos hacer por otras personas, pero no solemos hacerlo. Oramos por un amigo enfermo, oramos para que alguien que conocemos consiga un trabajo, y oramos para que superen la pérdida de un ser querido. Oramos una lista de solicitudes, pero esto no suele ser algo que alguien solicite de ti. Pero aún debes orarlo.

Ora esto: "Dios, muéstrate real para ellos".

¡Esa simple oración es tan poderosa! Es lo mejor para orar por nuestros hijos, por ejemplo. Prefiero que mis hijos vean a Dios en sus circunstancias a que no tengan circunstancias problemáticas en sus vidas. ¿Cuánto mejor es tener una experiencia dura, pero ver a Dios, en lugar de pasar por nada y nunca ver a Dios? No oro para que la experiencia de todas las personas sea perfecta; oro para que experimenten a Dios en sus circunstancias. Ora para que Dios se demuestre real para aquellos que amas. Él responde esta oración una y otra vez.

Dios recientemente respondió esta oración nuevamente a mi hijo menor, Colby. Cuando regresó de un campamento juvenil, se acercó a la mesa de la cocina y me hizo una pregunta. "Papá, ¿alguna vez tu papá fue pastor?". Sorprendido, le aseguré que no era así. Él continuó: "Bueno, Dios me dijo que te dijera algo".

"¿En serio?", le pregunté.

"Me dijo que te dijera que quiere que sea un pastor como tú."

Recordé ese momento en mis años más jóvenes.

Cuando Dios me dijo que fuera pastor, él me dijo que le dijera a mi madre. De una cocina a otra, ahora estaba teniendo la misma conversación treinta y cinco años después. Yo acababa de cambiar de roles.

Conteniendo las lágrimas, le aseguré a Colby que se convertiría en un pastor mucho mejor de lo que yo alguna vez podría ser. Más tarde, le pregunté si Dios le había dicho algo más. «Sí», respondió. «Dios me dijo que te escuchara, que tú me enseñarías. No pude evitarlo esta vez; lloré.

ARREGLAR A PRINCESS

No hay nada como el caos y el amor agregados que un perro trae a un hogar. Princess era nuestra *Labrador Retriever* negra de trece años, y fue una fuente de gran alegría y amor para todos nosotros.

Era el momento del Día de Acción de Gracias, y parte de su mandíbula estaba hinchada. Pensé que era solo un diente con absceso, el veterinario estuvo de acuerdo. Mi plan era que duran- te las vacaciones, cuando se suponía que estábamos fuera de la ciudad, podrían drenarlo y albergarla unos días, Regresaríamos después de Acción de Gracias con Princess sanada y de vuelta a la normalidad.

Mientras me dirigía a ver a nuestra familia, recibí una llamada de Darcie, nuestro veterinario. Inmediatamente me dijo que tenía ma- las noticias sobre Princess. No era un diente infectado. Era un tu- mor. Estaba en su mandíbula y detrás de su ojo. También se había unido a su cerebro.

Ella me preguntó en ese momento, mientras yo conducía: «¿Quie- res que la deje despertar? No puedo hacer mucho por ella. No hay forma de volverla a la normalidad. Solo puedo cortar parte de eso. ¿Cuál es tu decisión?".

En ese momento, estaba sintiendo el peso de decidir la vida de este perro. Conduciendo para disfrutar el Día de Acción de Gracias, sabía que tenía una decisión que tomar que estropearía las vaca- ciones. Inmediatamente, recordé los ojos de Princess. No sé qué tenían los ojos de esa perra, pero podía leer todo tipo de emociones en ellos; tal vez esas emociones no estaban allí y los ojos eran solo un espejo de mis propios sentimientos, pero los vi.

El segundo par de ojos que vi fueron los de mi hija. Ella estaba fue- ra en la universidad, y si poníamos a su perra a dormir, ella nunca llegaría a decirle adiós. Ella volvía a casa en solo dos cortas sema- nas. Entonces, hice lo que haría cualquier otro padre que temiera convertirse en el malo. Hice una pausa con una oración rápida en mi corazón, y le dije a Darcie: "Corta lo que puedas y ponla en an- tibióticos. Mi hija volverá a casa después de la universidad en unas semanas, y podrá despedirse antes de que la pongamos a dormir cuando tengamos que hacerlo".

Necesitaba que el veterinario lo intentara, pero también necesitaba que Dios concediera mi oración. Solo darle al perro algunas pastillas o eliminar el problema como si desapareciera no sería suficiente. Necesitaba a alguien que pudiera enviar el tumor en reversa. Entonces, el veterinario se puso a trabajar, y oré todo el fin de semana de Acción de Gracias.

Necesitamos un gran Dios por la misma razón. Al comienzo tenemos dolores de muelas emocionales y espirituales, pero al examinarlos son mucho más profundos, y encontramos tumores que alguien más grande y mejor que nosotros debe enfrentar. Necesitamos a Dios porque él puede arreglar lo que nosotros no podemos. Princess se recuperó de la cirugía y estuvo mucho mejor por un tiempo después. En este punto, Darcie reveló: "Creo que me equivoqué". Ver a Cassie llegar a casa y decirle adiós a ese perro hizo que todo valiera la pena para mí.

ORACIÓN FAMILIAR

Una de las cosas que me he sentido dirigido a hacer, es que nuestra familia ore varias veces a la semana por la tarde. Lo haremos incluso si los niños están en otro lugar con amigos. Puede parecer una pérdida de tiempo para ti, pero recuerda que estamos en un pueblo súper pequeño, por lo que pasar por la casa por unos minutos no es un gran problema para los niños. Solo hacemos una pausa por un momento y oramos, cada uno de nosotros, en voz alta. Las oraciones no son tan especiales o planificadas; solo decimos lo que está en nuestros corazones.

Como nuestros hijos tendrían que excusarse de otras cosas para orar, otros escucharían sobre el tiempo de la oración, y de vez en cuando un amigo les preguntaba si podía venir también. Entonces, hemos tenido visitas en nuestro tiempo de oración familiar. Finalmente, llegamos a esperar que algunos "extras" se nos unieran de vez en cuando. A veces permanecían callados y observaban; otras veces nos pedían que oráramos por ellos, o incluso se unían para orar ellos mismos. ¡Creo que a menudo descartamos a las personas más jóvenes como superficiales, pero los adolescentes están evidentemente hambrientos de cosas espirituales!

Una de las amigas de mi hija, la llamaré Emily, asistió a uno de estos momentos de oración. Esa primera vez ella nos dijo que quería que oráramos por ella. Ella estaba teniendo un horrible tiempo para dormir. Pude ver eso en sus ojos inyectados en sangre. Ella era una dulce y agradable niña, pero claramente agotada. Ella había ido a médicos y consejeros que habían tratado de ayudarla. Nada parecía funcionar, y pasaba días sin dormir.

Oré por ella diciendo: "Dios, tú conoces el problema aquí. Los médicos no han podido ayudar a Emily, ella nos preocupa, y queremos lo mejor para ella. Ella te necesita".

La llamé al día siguiente y todavía no había dormido. Entonces, me comprometí a seguir orando. El día siguiente la llamé, y ella estaba tan feliz de informar que finalmente había dormido en paz la noche anterior. Un avance había comenzado en sus patrones de sueño.

Ella llegó a la misma hora de oración familiar una semana después. "Tengo algo más por lo cual pedirles a todos que oren, ¿está bien?".

Emily escuchó a Dios, se entregó a Él después de eso, y comenzó a participar en nuestro grupo de jóvenes. Estoy convencido de que esas oraciones simples, pero desesperadas, volvieron su vida hacia Cristo.

CIELO A BASE DEL FAVOR

No oro mucho por los animales, pero seguramente oré por Princess aquel Día de Acción de Gracias para que se mantuviera viva al regreso de mi hija en las vacaciones de Navidad. Dios respondió esa oración. Su calidad de vida mejoró por un tiempo. Los niños pasaron tiempo con ella, se despidieron y obtuvieron el cierre.

Dos meses después, Princess dejó de tragar su medicina y dejó de comer y beber. Sus ojos estaban hundidos en su cabeza. Cuando la miré a los ojos tristes -podría decir-, y si alguna vez has estado en esta situación con una mascota, ya sabes... esa mirada. Ella y yo sabíamos que era el momento.

"¿Quién quiere ir conmigo al veterinario?". Nadie quiso ir. Sonja se negó. Colton declaró que estaba ocupado. Colby simplemente dijo: «¡De ninguna manera!». Todos me miraron como si dijeran: *No, papá, este es tu trabajo.* Tenía que ir solo, pero seguro que no quería. Mi hijo menor bajó el portón cuando recogí a Princess. Ella estaba mucho más ligera ahora que cuando la levanté dos meses antes. ¿Qué podía decir? Él tenía solo doce años, era un año más joven que el perro. Ella era el único perro que él había conocido en nuestra casa en toda su vida. Oré estas palabras a través de lágrimas con mi hijo: «Dios, gracias por el tiempo que pasamos con Princess. Sé que hablas de animales en el Cielo, eso nos da fe. No sé cómo los perros llegan al Cielo, pero este, Señor, nos gustaría verlo de nuevo".

A Dios le importan los detalles más pequeños de nuestras vidas. Él escucha lo que podría parecer la más pequeña de las oraciones. Lo que rompe los corazones de nuestros hijos, rompe nuestros corazones, y lo mismo es cierto para Dios. Nuestro dolor es doloroso para él. No tienes que ser un héroe, un pastor o un adolescente para que Dios piense en ti. Él te hizo. Para empezar, fuiste su pensamiento, y todavía estás en sus pensamientos incluso ahora. Pero también sé que Dios ha puesto su mano dirigiendo y creando a todo lo vivo; los perros ¡también!

Se dice que Mark Twain mencionó: "El cielo se gana a base de favor. Si fuera por méritos, usted se quedaría fuera y su perro entraría" [3]. Estaba tan agradecido por el favor en ese momento, tan agradecido de que llegaré al Cielo. Pero esa perra era más fiel, más cariñosa y más positiva de lo que jamás yo he sido. Ella creía que la gente, especialmente los niños, fueron hechos para acariciarla. Me temo que hay más personas en mi pueblo a quienes les gusta mi perra más de lo que les gusto yo.

Pero tal vez Dios está prestando atención a este pequeño detalle en mi vida, y él me dará otra cosa que no merezco, y eso es ver a Princess algún día otra vez en el Cielo, jugando con mis hijos nuevamente.

8

LA SERPIENTE
TODAVÍA ATACA

Entiendo que las personas hacen cosas malas,
pero, ¿no es así como siempre es?

Para mí, las cosas son más agradables que irme con un grupo de chicos en un viaje de caza. Puede parecer extraño para ti, pero en los últimos años nos hemos divertido con la caza de cerdos salvajes. Todos hemos cazado otros animales, grandes y pequeños, pero los cerdos salvajes son divertidos para cazar porque no están restringidos como otros juegos: han sido etiquetados como destructivos y peligrosos. Su tasa de reproducción también es similar a la de los conejos. Una puerca salvaje puede parir dos camadas de cerditos fuera de control cada año. Hoy en día, solo en Texas hay un millón y medio de estos cerdos viviendo en la naturaleza.

Incluso si no eres un cazador, puedes imaginar que es divertido alejarse y tan solo ser un tipo y pasando tiempo en la naturaleza. Como ventaja adicional, la recepción celular es bastante mala, por lo que podemos desconectarnos realmente. La mayoría de los chicos en estos viajes son amigos personales, de ideas afines, y listos para una escapada.

Un nuevo amigo que conocí en una caza de cerdos recientemente fue un *Navy Seal* activo. Era hermético y nunca hablaba de sus deberes en lo militar. Él nunca se jactaba ni necesitaba hacerlo. Sus músculos tenían músculos, y ninguno de nosotros podía disparar un rifle a las distancias que él podía alcanzar. Pero como nosotros, necesitaba el descanso. Su amabilidad me hizo apreciar una vez más a todos nuestros militares y los sacrificios que hacen, de los que no pueden hablar. Muchos son tan solo tipos normales y chicas que hacen cosas muy difíciles.

En ese viaje, estuve solo en un punto tratando de encontrar uno de esos cerdos salvajes cuando tuve una experiencia única. Era temprano en la mañana, poco después del amanecer. No estaba teniendo suerte, así que, aburrido, me alejé de la carretera hacia el matorral lleno de cactus y mesquite. Las agujas están en todas partes en ese terreno de Texas. Debes caminar con mucho cuidado si no quieres ser herido por una gran variedad de alambres de púas de la naturaleza. Y, afortunadamente para mí, caminar con cuidado también significaba caminar muy silenciosamente.

No sé si crees en los ángeles guardianes o no, pero algo o alguien me llamó la atención. Casi como si alguien me golpeara en la parte posterior de la cabeza, de repente me vi obligado a mirar hacia el fondo del árbol de mesquite que acababa de encontrar. Y allí, enroscada bajo el mesquite, estaba una serpiente de cascabel perfectamente camuflada. Dado su diámetro, sabía que era mucho más grande que las serpientes de cascabel que veo en Nebraska. Había visto serpientes tan grandes durmiendo en zoológicos, pero nunca antes había estado tan cerca de una serpiente de cascabel dormida sin una pared de vidrio entre nosotros.

Me congelé. Podía sentir mi corazón latir tan violentamente que estaba seguro de que estaba a punto de despertar a este reptil venenoso. Una serpiente de cascabel normalmente puede alcanzar aproximadamente dos tercios de su longitud, por lo que sabía que necesitaba varios metros de separación para escapar de su zona de ataque. Podía sentir cómo la sangre se escapaba de mi cara mientras lentamente invertía mis pasos. El rifle en mi mano sería inútil, ya que el telescopio montado en él se puso a cero durante doscientos metros, no a esta distancia de dos pies. Tan silenciosamente como fue posible, cambié el rifle a mi mano izquierda mientras usaba mi mano derecha para alcanzar el revólver en mi cadera derecha.

En casa me encanta dispararles a las rocas en la parte superior de los postes de la cerca con mi revólver favorito. La precisión requiere práctica. Pero cuando apunto a las rocas, estoy tranquilo, respirando y con confianza. También disfruto de una postura estable de dos manos. Ninguno de esos beneficios me acompañó cuando apuntaba a la cabeza dormida de esa serpiente, mientras lentamente retrocedía.

Y entonces... los ojos de la serpiente se abrieron. Probablemente estaba lo suficientemente lejos para estar a salvo, pero ver esos ojos abiertos me hizo reaccionar antes de que la serpiente pudiera hacerlo. Apreté el gatillo de la Magnum 357, disparando directamente a la cabeza de la serpiente. La serpiente lentamente se deslizó unas pulgadas y luego dejó de moverse. Salí de allí tan rápido como pude. Más tarde, descubrí que la bala casi había separado la cabeza de la serpiente del resto de su cuerpo.

¿Cómo lo puedo saber? Bueno, vayamos de vuelta a ese *Navy SEAL*.

VOLVER A PROBARLO

Cuando él se enteró de mi encuentro con la serpiente quiso retirar al animal y echarle un vistazo. Hum... ¡asqueroso! Las serpientes y yo simplemente no nos mezclamos. No quería volver, pero luego estaba el momento de "probarlo". Todos hemos estado allí, dudando la historia del pescador sobre el tamaño del pez que acaba de atrapar. Cuando miré a mi nuevo amigo, supe que estaba atrapado. Tenía que demostrarme a mí mismo y mi historia. Así que acepté llevarlo de regreso a la serpiente, pero solo bajo dos condiciones: no tendría que tocarla o comerla.

Miró durante varios minutos debajo del mesquite antes de ver a la serpiente, mezclada con las agujas y varias otras formas de restos de Texas, sin vida. Recogió la serpiente con el agarrador de serpientes del camión de caza. Me pareció enorme mientras la sacaba de debajo del arbusto. Sé que tengo un metro noventa, pero una vez que la serpiente de cascabel fue tendida en el suelo, esta serpiente definitivamente estaba más allá de mi estatura.

Cortar lo que todavía estaba unido a la cabeza de la serpiente era el trabajo número uno. Luego examinamos el punto de impacto de mi bala. Sin una pala para enterrar la cabeza, mi amigo la pateó con seguridad de vuelta bajo el arbusto del que venía la serpiente. Pero lo peor de todo sucedió después.

Cuando mi amigo usó el agarrador en su mano para contar los cascabeles en la cola de la serpiente, la serpiente sin cabeza que había estado muerta por cerca de una hora repentinamente se movió con la velocidad del rayo y golpeó el eje del agarrador que tocaba su cola. En ese momento, casi vomité. Siempre pensé que solo había dos tipos de serpientes: viva y muerta. En ese momento me di cuenta de que estaba equivocado. Evidentemente hay tres tipos de serpientes: viva, muerta y muerta hace mucho tiempo.

Después de este encuentro y una pequeña investigación sobre serpientes, descubrí que algunas especies de serpientes venenosas podrían ser capaces de atacar durante hasta nueve horas después de que las matan o mueren de forma natural. Al igual que un pez que se sale del agua, el sistema nervioso en una serpiente hace que sus músculos sigan deslizándose y atacando. Algunas fuentes estiman que aproximadamente el 50 por ciento de todas las mordeduras de serpientes ocurren porque las personas no saben que las serpientes muertas todavía pueden atacar.

Más tarde, cuando recordé esta experiencia, pude ver cómo el pecado funciona igual que una serpiente de cascabel. Lo que una vez te tentó e incluso parece muerto en ti, todavía ataca. Al igual que la serpiente a la que disparé en Texas, las fibras musculares del pecado todavía se mueven hacia el mal. ¿Alguna vez has tenido esa experiencia? Estoy seguro. Pensé que había sacado algo, que había tenido la victoria sobre eso, pero luego volví y lo hice de nuevo, como si todavía estuviera vivo en la tumba.

El pecado es como todas las adicciones: alcohol, acumular, fumar, la lujuria; y, como sucede tan a menudo, las personas que se limpian terminan volviendo a lo que sabían que estaba destruyendo sus vidas.

La Biblia habla acerca de esta vieja criatura en Romanos 6, diciendo: "*Sabemos que nuestro antiguo ser pecaminoso fue crucificado con Cristo para que el pecado perdiera su poder en nuestra vida. Ya no somos esclavos del pecado*".[1] Cuando la vieja cabeza muerta del pecado contraataca, la Escritura nos alienta: *"No permitan que el pecado controle la manera en que viven; no caigan ante los deseos pecaminosos"*.[2]

EL AEROPUERTO DE CLEVELAND

Estaba conduciendo con un amigo a un museo en Ohio y hablábamos de temas pesados. Le confesé lo que voy a confesarte ahora: he tenido una gran lucha con la lujuria en la escuela secundaria. Mi gran serpiente pecadora, la que simplemente no puedo matar, es lujuria. He visto todo tipo de cosas que desearía nunca haber visto, tanto cuando era más joven y como adulto. Pero incluso después de haberme puesto sabio, descubrí que es difícil escapar de lo pornográfica que se ha vuelto nuestra cultura.

Cuando Colton tenía solo tres años, ese mismo fin de semana del que hablamos en *El cielo es real*, cuando se enfermó e ingresó en el hospital, estábamos en Greeley Mall, en Colorado. Estaba saltando por el centro comercial, a unos quince o veinte pies por delante de nosotros. Pasamos por una tienda de lencería. Caminó junto a un gran cartel de una mujer que casi no llevaba nada. Luego se detuvo y se dio la vuelta, señalando el póster, y dijo: "Mamá, necesita ponerse algo de ropa". Sí, el niño de tres años tenía razón. No puedes caminar por el centro comercial o visitar un sitio web de noticias sin que te arrojen a la cara imágenes que no se hubieran considerado aceptables incluso hace quince años. Decimos que las cosas "no son apropiadas para menores de dieciocho años" cuando en realidad no son apropiadas para nosotros a ninguna edad.

Mi lujuria fue más allá de las cosas malas que vi. Descubrí que los pensamientos plagarían mi mente en los momentos más aleatorios, incluso cuando estaba tratando de orar o estaba en un servicio de adoración. Empecé a sentirme como un blanco de ellos, como si no pudiera escapar; era incontrolable. Puedes protegerte de ver algunas cosas, como evitar el cartel que a mi hijo le molestó en el centro comercial Greeley, ¡pero no puedes protegerte de tu propio cerebro! Como un virus del resfriado que podría hacer que tosas esporádicamente, tuve un virus cerebral que destellaba imágenes distractoras en la pantalla de mi mente. Tenía que presionar constantemente el botón de borrar y volver a enfocar.

Le confesé todo esto a un amigo cercano, diciéndole que simplemente estaba harto de eso. Había escuchado a muchos explicar que lo que sucedía en mi cabeza era normal. "De esa manera es". Fue la batalla de todo hombre hasta que murió; quizás entonces él experimentaría libertad de eso. Bueno, eso no me dio mucha esperanza. Yo quería libertad de eso en esta vida.

Mi amigo escuchó bien, y lo primero que me preguntó fue si había visto pornografía. Yo dije: "Sí, por supuesto. ¿Quién no ha visto pornografía en este mundo?". Luego me preguntó qué edad tenía cuando me expuse por primera vez. No tenía idea, y simplemente le dije que debía haber sido cuando era joven. Me dijo que comenzara a orar en ese momento, que Dios me revelaría la primera vez que había visto tal cosa. Entonces, lo hizo.

Mientras continuábamos conduciendo, su oración fue respondida. Dios hizo estallar un recuerdo en mi cabeza, de la nada. Aparentemente, la oración de mi amigo por mí me abrió para que Dios se moviera. Recordé un momento en que tenía solo ocho años. Este era un recuerdo en el que no había pensado durante décadas, una súbita e inesperada sacudida. Después de que mi abuelo murió, mi abuela comenzó a trabajar limpiando habitaciones de hotel. Yo la ayudaba cuando la estaba visitando. Entraba en la habitación delante de ella mientras ella hacía la última limpieza profunda en la última habitación y sacaba la basura, quitaba la ropa sucia y cosas por el estilo. Luego ella se unía a mí y terminábamos juntos la habitación.

Una vez entré a una de estas habitaciones y había sido casi destrozada, que era una vista a la que estaba acostumbrado. Pero en la mesa de la televisión había algo nuevo para ver. Era una revista brillosa con una mujer en la portada. Lo levanté y comencé a mirar a través de ella. No sabía lo que estaba mirando, aparte de eso, era extraño e incorrecto, pero de alguna manera seguí mirando. Y esa fue la primera vez que recuerdo haber visto pornografía. Le dije esto a mi amigo, e inmediatamente oró por mí. Luego llegamos a un área de tráfico más pesado y nuestra conversación se detuvo. No sentí ningún cambio, pero me alegré de que estuviera orando.

Visitamos el museo, luego continuamos a nuestra próxima cita. Dos días después, mi amigo y otros dos se encontraron nuevamente en el aeropuerto de Cleveland. Nos reunimos antes de la línea de seguridad, formamos un círculo y oramos antes de nuestro viaje a casa.

Durante este tiempo, tomándome de la mano con las personas que estaban a mi lado, comencé a escuchar al amigo a quien había confesado mi problema que estaba empezando a orar tan solo por mí. Sentí que una oleada de energía me invadía mientras oraba para que Dios me librara de mi batalla constante con la lujuria. Oró para que desde todo el camino de regreso cuando era joven hasta ahora, Dios quitara las cosas de mi mente, y no dejara que me distrajera en mi trabajo.

No fue una oración mágica, pero fue efectiva y especial. Si no hubiera estado sosteniendo las manos de los que estaban a mi lado, me habría caído allí mismo, pero aguantarme me mantuvo despierto. Era como si Jesús me estuviera dando un poder especial en ese momento. Sentí que algo nuevo me había cubierto en ese mismo instante.

Lo más extraño sucedió. Se plantó. Soy un hombre cambiado ahora. No me interrumpen esas imágenes en mi mente. Esas tentaciones al azar no se repiten en mi mente una y otra vez. En cambio, tengo la libertad que siempre estuve buscando.

La mejor parte es lo poderoso que ahora se sienten mis tiempos de oración. No me nublan las tentaciones aleatorias, y no siempre tengo que luchar dentro de mí para mantener mi atención en lo bueno, en lugar de lo malo. Dios tenía que ser quien hiciera esto, ya que era imposible por mi cuenta: matar verdaderamente a la serpiente pecadora en mi corazón.

¿Soy insensible a mirar pornografía? No. Todavía tengo las mismas salvaguardas y más en mi vida, porque no me sorprendería si todo volviera a inundarme si volviera a abrir esa puerta. ¡Pero tengo la libertad ahora en esta vida que durante décadas anhelé!

CONSECUENCIAS

¿Qué te viene a la mente cuando piensas en un bombero voluntario un sábado por la tarde? ¿Es un hombre corpulento y fornido con una barba incipiente? ¿Está sentado en su porche trasero, tal vez bebiendo una cerveza mientras prepara la parrilla para la familia? Sí, eso describe bastante a muchos de los bomberos que conozco.

Por otra parte, nuestro departamento de bomberos voluntarios tiene una política de no alcohol, lo que significa que el chico que decide tomarse una cerveza con su perro caliente sabe que cuando hay una crisis en nuestro pueblo que involucra un incendio, no puede subirse a su camión, ponerle una luz y correr hacia la escena. ¿Por qué?

Imagina lo malo que sería si un bombero estrellara un camión de bomberos en el camino a un accidente, o peor aún, golpeara a un niño que persigue una pelota en la calle en el paso de nuestro camión. Eso podría causar más daño que el fuego en sí, y luego el camión tampoco estaría allí para ayudar con el fuego. La reacción pública también sería enorme, casi imposible de recuperar. Entonces tenemos nuestra política. Porque a veces las consecuencias de una acción son mucho mayores de lo que podemos imaginar en ese momento.

También tenemos políticas sobre conducir a una crisis en general. Los bomberos sabemos que a sesenta millas por hora, no puedes oír las sirenas hasta que estemos demasiado cerca de ti como para hacer una diferencia. Nuestras luces y sirenas piden *permiso* para obtener el derecho de paso, pero no es una *licencia* para obtener el derecho. ¿Sabías que si alguien golpea una ambulancia en una intersección, generalmente la ley considera que es culpa del conductor de la ambulancia? Conducir demasiado rápido es una de las mayores tentaciones en el camino a la escena: la adrenalina está bombeando y sientes que tienes que llegar hasta allí para responder, así que cortas las esquinas, a veces literalmente.

Un incendio estructural implica otras políticas. Cada año nos hacen la prueba del ajuste de la máscara: si la máscara no se ajusta perfectamente, en un incendio estarás expuesto a las toxinas peligrosas en alfombras u otros productos químicos. ¿Sabías que si un sofá en tu sala de estar se prende en fuego, debes estar fuera de la casa en cinco minutos para sobrevivir? Las placas que mantienen unida tu estructura harán que el techo estalle diez minutos después. Tenemos políticas para asegurarnos de que estos escenarios no ocurran.

Algunos pecados tienen consecuencias nefastas como estas. La agonía más grande que agita mi estómago es cuando un pastor es expulsado por conducta inapropiada, o en algunos casos, arrestado. Sé que ya hemos hablado de los eclesiásticos. Pero cuando un pastor baja la guardia, comete acciones pecaminosas e ilegales contra otra persona o niño que Dios ama, casi puedo sentir el dolor y el dolor de Dios.

Cuando los niños me piden que ore para que sus padres vuelvan a estar juntos y dejen de pelear, a menudo desconocen la infidelidad detrás de la lucha. Todo lo que puedo hacer es llorar con ellos.

Sé que muchos en el entretenimiento y los medios promueven estilos de vida promiscuos y matrimonios abiertos, pero por favor protégete y protege a tus seres queridos. La mordedura de esta serpiente es venenosa. No juegues con eso.

Escuché a un esposo de la industria del entretenimiento dar una expresiva declaración sobre el dolor que soportó al separarse de su muy popular esposa e hijos. Él dijo: "¡Esto no es lo que yo quería!" Estaba viviendo la vida que le alentaron a vivir, pero no le gustó la mordedura al final de sus decisiones.

Independientemente de si su divorcio y dolor son tan publicitados como el dolor de este hombre, permítanme asegurarle que he escuchado la misma declaración de cientos de parejas que desean haberse protegido de la infidelidad y la tragedia conyugal.

9

EL DIOS IMPOPULAR

Entiendo la idea del Cielo, pero, ¿por
qué hablar tanto acerca de Jesús?

Una reportera de noticias de un periódico de Jerusalén me
llamó un día para una entrevista programada para su periódico. Ella era una buena mujer judía que hablaba inglés con
fluidez. Se había preparado bien para nuestra entrevista, leyendo todo mi libro relatando la visita de Colton al Cielo. Ella dijo
que le gustaba y estaba esperando la película que se avecinaba. Y
tenía muchas buenas preguntas que hacer. Es refrescante hacer
entrevistas con personas que se toman el tiempo para investigar.
He estado en muchas conversaciones donde era obvio que la
otra persona en el extremo del teléfono o el micrófono no tenía
ni idea.

Las preguntas que estaban haciendo surgían de un teleprompter.

Finalmente, llegamos al tema de Jesús, porque la experiencia de
Colton se centraba en Jesús en el cielo. Inocentemente y claramente, Colton habló de la manera que cualquier niño de cuatro años
podría. Pero el Dios que vio era Dios el Padre, Dios el Hijo y Dios

el Espíritu Santo. Puede ser confuso para nosotros, pero fue claro para él. Y Jesús fue con quien pasó la mayor parte de su tiempo.

"Sabes, Jesús no es la persona más popular por aquí. ¿Qué debería decir a esas personas aquí en Jerusalén, para que escuchen tu historia?", preguntó la reportera.

CUMPLIDO

Este fue el comienzo de una conversación más profunda, porque ella era muy espiritualmente abierta. Hay muchos lugares donde comenzar cuando se hace esta pregunta, así que comencé por el principio. Literalmente, *el comienzo* de la Biblia dice: "*En el principio Dios creó los cielos y la tierra*". [1]

Le indiqué que el enfoque no es el Cielo al final; es el Dios del cielo. La gente quiere ir al Cielo, pero la experiencia de mi hijo confirmó cuál dios es el Dios del Cielo.

Recorrí las Escrituras en la Biblia hebrea, o lo que la mayoría de nosotros llamamos el Antiguo Testamento, en contraste con el Nuevo Testamento en la Biblia cristiana. Lo bello es que Jesús no aparece de la nada. La historia se extiende por miles de años antes que él, y los judíos lo saben. Es su historia, por supuesto. Pero también es mi historia: gracias a Jesús, la historia judía puede convertirse en la historia de todos. Este fue el plan desde el principio, donde Génesis dice: "*¡por medio de ti serán bendecidas todas las familias de la tierra!*". [2] Unos pocos capítulos más tarde, Dios repite esto, diciendo: "*Puesto que me has obedecido, todas las naciones del mundo serán bendecidas por medio de tu descendencia*". [3] La Biblia hebrea dice algo similar en otro lugar muchas veces, donde Dios promete a los judíos lo siguiente: "*pero yo los salvaré,* *y serán una bendición".* [4] No es difícil demostrar cómo los profetas de los judíos prepararon las cosas para que Jesús fuera claramente el Cristo (el Mesías). Incluso he tenido conversaciones con otro amigo judío que estaba dispuesto a hablar sobre si Jesús era el Mesías y honestamente buscar sus Escrituras acerca del tema, a pesar del gran desafío que fue para su fe. En este caso, no le pido a la gente que siga hablando conmigo o con un rabino. En cambio, les pido que lean las

Escrituras y hablen con Dios al respecto.

"Eso suena justo", respondió. Él está orando al Dios correcto; él solo necesita hacerle al Dios correcto las preguntas correctas.

Esto es cierto tanto si eres judío o no. No se trata de pedir consejo a un supuesto hombre santo. En cambio, como lo enfatizamos en el último capítulo, es importante que cada uno de nosotros ore a Dios y le pidamos que se muestre real. Si eres un ateo, un judío, un escéptico, un científico, un musulmán, un budista o alguien que tiene una visión mezclada de la fe, se trata de que te acerques personalmente a Dios y le pidas que se haga real para ti. Isaías habló de que este Mesías nació de una virgen, y el profeta Miqueas dijo que el nacimiento tendría lugar en Belén. Oseas dijo que el Mesías saldría de Egipto.[5] Una masacre iba a tener lugar en la ciudad natal del Mesías, y él sería llamado Nazareno y ministraría en Galilea.[6] Sería traicionado y burlado.[7] Le perforarían las manos y los pies.[8] Y entonces las personas apostarían por su vestimenta.[9] Esto es solo una muestra de las docenas y docenas de formas en que la Biblia hebrea relata que sus profetas hablan de Jesús. Ellos profetizaban quién sería el Mesías, y era difícil de entender, y no le quedaba a nadie hasta que vino Jesús. Recorrí algunas de estas mismas Escrituras en la Biblia hebrea con esta periodista israelí que me llamaba desde solo algunos kilómetros de los mismos lugares por los que Jesús caminó. Ahora, soy un tipo muy claro y no uso palabras especiales en realidad, solo le dije cómo su Biblia hebrea apuntaba a Jesús de todas estas maneras. Las historias de Navidad y Crucifixión muestran cómo el Mesías ciertamente es Jesús. Ella se sorprendió por todo esto y dijo: "Nunca antes había visto algo como lo que me estás mostrando".

"Bueno, la próxima vez que leas tus Escrituras, ¿no podrías preguntarte si suenan como si estuvieran hablando de Jesús?", respondí.

También le pregunté: "¿Crees que Dios bendeciría una historia como esta si yo la hubiera inventado?". Cualquiera que fuera la creencia que ella tenía acerca de Dios, una era de consciencia. Ella sabía que Dios sabía si Colton estaba representando la verdad o no. Ella dijo: "No, no lo creo".

Le dije: "Entonces, me está llamando a Imperial, Nebraska, desde Jerusalén, Israel. ¿Cómo llega algo como esto sin que Dios lo impulse?".

"No es así", dijo ella.

Si Dios quisiera, podría haber detenido la historia de Colton en el punto de partida. Él ha expuesto y detenido muchos otros recuentos.

Ella me preguntó cómo podía hablar con su gente y hacerles creer mi historia. Le pedí que fuera con su gente y les hiciera la misma pregunta que yo le había hecho. "Pregúntales sobre Isaías y sobre los Salmos", le dije. "Sabes que creo que Jesús es tu Mesías. Detrás de puertas cerradas, examina profundamente las Escrituras para ver si Jesús pudo haber cumplido sus propias profecías, porque eso es lo que hicieron los judíos del primer siglo, y es por eso que muchos de ellos se convirtieron en seguidores de Jesús. Porque Él es el Mesías".

Mi objetivo principal no era que ella o sus lectores creyeran mi historia. Francamente, al final el punto no era tener una idea del Cielo en primer lugar, de todos modos. El punto es que la experiencia de mi hijo confirmó quién es el Dios del cielo. Si ella creyó mi historia o no, es secundario, la historia que yo quería que ella creyera era la historia de Jesucristo.

Recuerdo las palabras del mismo ángel Gabriel que se le había aparecido al profeta Daniel en el Antiguo Testamento de las Escrituras Hebreas. Él apareció para decirle a una adolescente hebrea llena de fe, acerca de la venida de Cristo en ella.[10]

TODO LO QUE HABÍA SUCEDIDO

Mataron a Jesús un viernes, lo clavaron en una cruz y lo colgaron fuera de las murallas de la ciudad. En un momento, miles de personas lo habían seguido. Docenas estaban constantemente allí en sus enseñanzas. No eran el círculo interno de doce discípulos que Jesús había elegido, pero estaban escuchando muchas de las mismas cosas. Estaban allí cuando Jesús multiplicó el almuerzo de un niño para alimentar a miles. Lo vieron sanar a los ciegos y expulsar demonios. Lo oyeron ofrecer parábolas que eran tan fáciles de escuchar, pero a veces difíciles de entender. Lo vieron ofrecer la más amable de las sonrisas a los huérfanos, las viudas y los enfermos; y dar el más severo de los reproches a los orgullosos líderes religiosos y manipuladores hipócritas de todas las estaciones.

Dos hombres estaban entre este círculo más amplio; ellos fueron discípulos de Jesús, pero no de "Los Doce", como fueron llamados. Después de la muerte de Jesús, Cleofás y su amigo dejaron Jerusalén en un camino hacia el este, al igual que muchos otros seguidores que estaban abandonando la ciudad en silencio en ese momento. El viaje iba a durar al menos medio día, tal vez más dependiendo de lo que llevaban. De cinco a seis horas es un largo tiempo para caminar.

Estaban frustrados, asustados y confundidos. La historia se cuenta muy bien en Lucas 24. Dice que mientras caminaban por el camino, *"hablaban acerca de las cosas que habían sucedido"*. [11]

Todo lo que había sucedido es una frase codificada para aquellos con una experiencia destructora de vidas. Un accidente aéreo se lleva a los padres de media docena de niños, y todos están aterrados de lo que viene después. La familia extendida se reúne para un funeral doble y para discutir todo lo que sucedió. Una comunidad está inundada, docenas pierden sus hogares, vecinos y familiares se reúnen en una escuela secundaria local para discutir todo lo que sucedió. Una madre soltera es arrestada por posesión de drogas y luego es sentenciada a quince años. Las tías y los tíos reúnen a los niños y discuten todo lo que había sucedido. Un terremoto devasta una ciudad. Después de unos días de escarbar entre los escombros para recuperar a los perdidos, los líderes de la ciudad, el personal de rescate y los trabajadores de socorro se reúnen para analizar todo lo que había sucedido.

La gente "habla de todo lo que había sucedido" a partir de ese momento con un lenguaje simbólico peculiar, ¿lo has notado? Dicen: "Sí, eso fue antes de noviembre de 1997". O dicen: "El invierno cuando papá y mamá murieron". Puede que lo llamen "el año del infierno" o "el día en que todo explotó". Podrían darle nombres como "su desastre emocional" o "el terremoto familiar" o "la crisis de la comunidad", de ahí en adelante.

LA SEMANA DEL INFIERNO

Cleofás y su amigo caminaron durante medio día fuera de Jerusalén hablando así. Ellos habían creído en Jesús. Sabían que era un profeta, un sanador y mucho más. Habían pensado que incluso podría ser el Mesías. Pero luego todo se fue a la olla.

La semana del infierno llegó justo antes de la Pascua. Terminó con Jesús arrestado y acusado, una muchedumbre pidiendo su cabeza, avivada por los sumos sacerdotes de su propia religión. Jesús fue crucificado por los romanos. Fue el día más oscuro que habían conocido jamás en la peor semana de sus vidas.

Sin embargo, esa misma mañana, cuando salían de la ciudad, escucharon algunos informes extraños. Algunas mujeres habían estado en la tumba donde habían puesto a Jesús, y estaba vacía. La gran piedra que el gobierno había puesto allí fue quitada, y los guardias romanos no estaban por ningún lado.

La gente ya estaba especulando, algunos sugiriendo que Jesús había resucitado de entre los muertos. A más de uno le preocupaba que las autoridades hubieran tomado su cuerpo y no lo trataran con el debido honor, robando incluso esa dignidad final en esta semana horrible. Algunos se preguntaban si algunos discípulos pícaros habían venido a robar el cuerpo, tratando de inventar la historia de su resurrección.

Estos dos hombres que salían de Jerusalén hablaban de todo esto. Estaban debatiendo y tomando partido, luego cambiando de bando y hablando más. Su conversación se arremolinaba en círculos.

Estaban tan absortos en su conversación que no notaron que otro hombre estaba caminando justo detrás de ellos, avanzando silenciosamente, y de hecho lo suficientemente cerca cuando notaron que escuchaba su conversación.

El extraño les preguntó: *"¿De qué vienen discutiendo tan profundamente por el camino?".*[12]

Un poco avergonzados, lo miraron brevemente e iban a dejarlo pasar. Mientras lo hacían, sus rostros cayeron. Estaban tristes y desanimados.

Cleofás se preguntó por qué este extraño no sabía de inmediato de qué tenían que estar hablando, ya que el hombre se estaba yendo por la carretera de Jerusalén como ellos. *"Tú debes de ser la única persona en Jerusalén que no oyó acerca de las cosas que han sucedido allí en los últimos días",* reflexionó Cleofás.

"¿Qué cosas?", preguntó el extraño.

Cleofás y su amigo relataron "todo lo que había sucedido" en unas pocas frases cortas para que este hombre, que debe haber estado viviendo debajo de una roca, se lo hubiera perdido.

Estaban hablando de cosas difíciles: *"...las cosas que le sucedieron a Jesús, el hombre de Nazaret",* dijeron. *"Era un profeta que hizo milagros poderosos, y también era un gran maestro a los ojos de Dios y de todo el pueblo. Sin embargo, los principales sacerdotes y otros líderes religiosos lo entregaron para que fuera condenado a muerte, y lo crucificaron. Nosotros teníamos la esperanza de que fuera el Mesías que había venido para rescatar a Israel. Todo esto sucedió hace tres días".*

También estaban hablando de cosas asombrosas e increíbles. *"No obstante, algunas mujeres de nuestro grupo de seguidores fueron a su tumba esta mañana temprano y regresaron con noticias increíbles. Dijeron que el cuerpo había desaparecido y que habían visto a ángeles, quienes les dijeron ¡que Jesús está vivo! Algunos de nuestros hombres corrieron para averiguarlo, y efectivamente el cuerpo no estaba, tal como las mujeres habían dicho".*[13]

CAMINAR A TRAVÉS DE LA ESCRITURA

El extraño los escuchó cuidadosamente contar la historia, asintiendo en los momentos apropiados. Ahora eran un trío, caminando con bastones en una pendiente pronunciada, tal vez acercándose a la mitad del recorrido.

Pero luego el extraño adoptó una postura más agresiva: *"¡Qué necios son! Les cuesta tanto creer todo lo que los profetas escribieron en las Escrituras. ¿Acaso no profetizaron claramente que el Mesías tendría que sufrir todas esas cosas antes de entrar en su gloria?".*

El extraño los llevó a las escrituras de Moisés primero, desde el Génesis y a través de Deuteronomio, y habló del presagio del Mesías. Luego pasó a los Salmos y los profetas. Señaló la predicción de Isaías acerca del nacimiento virginal y la predicción de Belén de Miqueas, ambas concurrentes al nacimiento de Jesús. Les recordó que Jesús salió de Egipto tal como lo dijo Oseas.[14] Lloró con ellos la masacre de Belén en el nacimiento del Mesías y señaló que él no era solo de Nazaret, como decía la Escritura, sino que también ministró en Galilea, tal como predijeron Jeremías e Isaías.[15]

Les dijo que deberían ver que Jesús fue traicionado por Judas y burlado por los guardias romanos, ya que estas cosas cumplieron las profecías de Zacarías y los Salmos.[16] Sí, las manos y los pies de Jesús fueron traspasados cuando fue crucificado y la gente se apresuró a quitarle la ropa, dejándolo desnudo en la cruz, pero esto no era algo por que llorar, era algo de lo había que regocijarse. Esto no solo cumplió el Salmo 22, sino que también mostró que él fue crucificado por sus pecados.[17]

El extraño conocía bien las Escrituras; él era claramente tan sabio como cualquier rabino judío. Caminó por toda la Biblia hebrea durante la ruta, mostrando a Cleofás y a su amigo cómo todo esto se unió tal como Dios quería, y que Jesús verdaderamente era el Mesías.

UN EXTRAÑO EXTRAÑO

Debieron haber reducido su paso un poco para prestar atención a este extraño, porque el sol de la tarde estaba bajo cuando llegaron a su destino, la ciudad de Emaús. Cuando se acercaron a la vuelta de su casa, el desconocido actuó como si la conversación hubiera terminado y él siguiera viajando. Pero Cleofás y su amigo le suplicaron al hombre que pasara la noche con ellos, señalando al sol porque ahora llegaba al final del día.

El extraño estuvo de acuerdo y entró a su casa, donde prepararon una comida. Le pidieron al extraño que bendijera la comida, así que él extendió la mano y agarró un pedazo de pan. Luego lo partió por la mitad, y lo levantó hasta el ancho de sus hombros mientras oraba al Padre, bendiciendo la comida.

Cleofás pudo haber estado mirando un poco durante la oración, viendo que este momento tenía un parecido tan misterioso al día que vio a Jesús levantar el pan antes de multiplicarlo para los miles. Las palabras que solía orar le recordaron mucho las palabras de Jesús en sus parábolas e historias. Cuando el extraño dijo: "Amén", extendió ambas mitades del pan y se las dio a Cleofás y a su amigo. Miró a Cleofás con tanta amabilidad y amor, y en ese momento, fue como si un filtro se hubiera quitado de sus ojos, y Cleofás se dio cuenta: *Jesús me está entregando este pan.*

El extraño era el Salvador. El extraño era de quien se hablaba a través de las Escrituras. El extraño conocía los versos muy bien, no porque fuera solo un brillante rabino; los conocía porque, para empezar, los había inspirado. El extraño no era solo un extraño en el camino, era un extraño en esta tierra. ¡Él era el Mesías!

Justo cuando Cleofás y su amigo se dieron cuenta de esto, el extraño desapareció en el aire. Los dos hombres se miraron con expresión confusa, pero eufórica, preguntándose por un momento qué hacer a continuación. Sin decir una palabra, volvieron a juntar sus cosas para un viaje y se dirigieron a la puerta, como niños a punto de ver a un amigo abrir un regalo que habían comprado y envuelto.

El sol ya comenzaba a ponerse en Emaús. Sería un oscuro y peligroso viaje de regreso a Jerusalén para encontrar a los discípulos y contarles lo que había sucedido, para confirmarles lo que dudaban: que Jesús realmente había resucitado de entre los muertos. Estaban entusiasmados no solo por compartir esas noticias, sino también por marchar a través de las Escrituras en la forma en que el extraño las había mostrado.

Cleofás, con un bastón en una mano y un saco en el otro hombro, puso su brazo libre alrededor de su amigo y sonrió. El amigo le dijo: *"¿No ardía nuestro corazón cuando nos hablaba en el camino y nos explicaba las Escrituras?".* [18]

CORAZONES ARDIENDO POR DENTRO

Dos mil años más tarde, en la Jerusalén hacia la que caminaban Cleofás y su amigo, una reportera israelí me estaba hablando sobre el Cielo y Jesús. No sé si el mensaje de Jesús ardía en su corazón. No sé si ella entendió completamente cómo las profecías de su fe se cumplieron en mi Jesús. Estoy seguro de que no lo expliqué tan bien como el extraño les explicó a Cleofás y a su amigo. Pero le dije: "Creo que Dios entiende que las personas se ven afectadas por su cultura u otras religiones. Creo que Dios quiere que sepas que no quiere nada más que ayudarte, y él te ama tanto que envió a este Mesías primero a tu pueblo. Él todavía se preocupa por ti de la misma manera. Él está pensando en ti y quiere que sepas la respuesta a esta pregunta incluso más de lo que tú la quieres saber".

Lo mismo es cierto para ti, seas judío como esta mujer o no.

Espero que las profecías del único Mesías ardan en su corazón y en los de otros a quienes ella podría haber hablado ese día. Porque siempre me siento tan feliz como un niño con un regalo, cuando veo a alguien abrir el regalo de Jesucristo.

Tal vez, como esta reportera, nunca antes has escuchado nada de esto. Parece que Dios había pensado mucho en exactamente cómo iba a construir su puente para el mundo entero. Ningún buen arquitecto o ingeniero comenzaría a construir nada sin dibujar planes específicos, planos, hojas de gastos, una imagen completa. Dios, el mejor planificador, tampoco lo hizo. Y ejecutó cada detalle tal como lo había planeado.

10

MI MAYOR ORACIÓN
SIN RESPUESTA

*¿Por qué Dios parece no responder algunas
de mis oraciones más importantes?*

Debido a que la película adaptada de nuestra historia fue un gran éxito de taquilla, tuvimos que trabajar muy duro para mantener cierta semejanza de normalidad en nuestras vidas y para mantener a nuestros niños con los pies sobre la tierra. Una cosa en el medio de todo esto mantuvo las cosas en escenarios muy reales para mí, quizá demasiado reales. Mi padre estaba muriendo.

Había hecho más de trescientas entrevistas sobre esta película en tan solo un lapso de setenta días, y estaba agotado. Siempre me hacía sonreír cuando nuestra perrita Princess bostezaba tanto, apretaba los ojos de perra soñolientos y sacaba la lengua cuando estaba agotada. Estaba *así* de cansado, boquiabierto y con una boca de perro bostezando. Prefiero los patrones de vida más lentos en Imperial, Nebraska. Preferiría que mi atención estuviera en nuestras espectaculares puestas de sol rojas y naranjas, y amaneceres dorados brillantes, no en los calendarios publicitarios torpes. Y se siente mucho más real e importante responder a mi beeper de alerta de incendios que recibir una llamada de un periodista.

Planeamos varios tiempos de descanso ese año, pero cada uno fue interrumpido por una emergencia. Me sentí como un hámster en una de esas ruedas que giran interminablemente. Justo cuando pensaba que podía bajar de la rueda del hámster, recibí la llamada: la salud de mi padre estaba fallando. Pensaron que se podía ir "en cualquier momento". No tuvimos mucho tiempo.

¿Alguna vez te ha sonado el teléfono y tu primer pensamiento fue sobre la tristeza de las noticias, y tu segundo pensamiento fue sobre cómo cambiaría todo lo que harías durante las próximas semanas o meses de tu vida? Así fue esta llamada.

Quizá has estado en una habitación como la suya, en un hogar de ancianos con una puerta ancha y gruesa que se abre a una habitación pequeña. La mayoría de las personas que se instalan en ese lugar ponen dibujos de nietos y fotos de la familia, pero no mi padre. Su habitación era muy sencilla, como si tan solo él fuera a pasar por allí, a pesar de que se había convertido en su hogar. Algunos libros se inclinaban contra el costado de una estantería. Un puñado de fotos en una mesa parecía algo tan solitario como el único ocupante. Aparentemente mi padre ya no tenía muchas cosas que eran preciadas para él. Era solo un simple y llano lugar de dolor.

Me puse de pie sobre su cama, mirándolo consumirse, su cuerpo encogiéndose ante mis ojos. Las cuencas de sus ojos se agrandaron en proporción a su cabeza. Pude ver el ciclo de la muerte llegando al final.

Eran cerca de las 2 a. m. cuando me senté junto a su cama. Abrió los ojos e intentó hablar, pero no pude entenderlo; las palabras salieron como ruidos aleatorios. Pero él se acercó a mí. Yo le pregunté si sabía que era yo, y él asintió con la cabeza, "sí". Esa fue la última vez que me respondió, pero siguió aguantando, incluso sin aceptar comida o bebida. Era duro mirarlo, y a veces solo tenía que mirar hacia otro lado.

Los doctores dijeron que podía morir en cualquier momento, pero los días y las noches dolorosos se prolongaban. Oré para que Dios simplemente tomara a mi papá y terminara con el sufrimiento. Estaba desesperado. Pero Dios no respondió esa oración durante doce días mientras mi padre se consumía sin comida, agua o un IV. Simplemente no lo entendí. No pude entender.

HOSPICIO

Pasé mucho tiempo en esa habitación pequeña arrugándome la nariz ante la mezcla de olores corporales y antisépticos que siempre impregnan el aire en lugares como este. Una enfermera de hospicio entró y comenzó a trabajar con mi papá. Ella era un poco más joven que yo, con cabello marrón hasta los hombros. Llevaba ropas normales y zapatos color canela con suela gruesa, sin logotipos identificativos. Imagino que apresurarse a cuidar a los demás todo el día requiere un buen par de zapatos.

Me dejó muy impresionado con el cuidado que le dio a mi papá. Cuando ya no podía beber líquidos, ella se sentaba cuidadosamente en el borde de la cama y le escurría agua en la garganta con una jeringa para aliviar su sed. Ella era muy sensible para ayudar en cosas que yo ni siquiera sabía que necesitaban hacerse.

A veces sus respiraciones eran de treinta a cuarenta segundos de diferencia, y yo estaba al borde de la desesperación, pensando que

probablemente esta vez sería la última. Ella me dijo que lo crono-
metraba, y a veces duraba cuarenta y cinco segundos, seguido por
una bocanada de aire. Como enfermera de hospicio, por supuesto,
había visto todo esto docenas de veces antes. Ella había caminado
por más valles de la muerte de los que yo jamás había visto.

Me sentía agotado física y emocionalmente, en uno de los peores
momentos de mi vida. Yo estaba derramando lágrimas y orando en
voz alta a veces, y ella era la única con quien hablar en el medio de
la noche. Hablamos sobre la dificultad de ver a un padre pasar por
esto. Ella compartió algunas de sus dificultades en la vida también,
lo que la hizo cuestionar a Dios.

En un momento de nuestra conversación, dije: "No creo en los accidentes; yo creo en las citas".

"Sí... sé que eso es lo que crees», dijo. Le pregunté cómo.

Señaló un libro en el estante de la esquina. "Ese eres tú. Leí tu libro.
El comienzo de ese libro dice: 'No creo en los accidentes, creo en las
citas'. Y esa película que mi adolescente fue a ver, fue sobre ti".

En ese momento, cuando tantos se congregaban para ver una película sobre mi familia, esta mujer en el hogar de ancianos estaba
viendo la diferencia entre la percepción y la realidad. Supongo que
mi angustia en esa habitación se veía muy diferente del tono de la
esperanzada experiencia centrada en el cielo que la gente veía en la
película. Pero ella estaba viendo al verdadero yo.

LA PRUEBA

Una vez, en una firma del libro, me abordó una mujer que traía en
sus manos la foto de una criatura marina. Miré la foto, luego miré

su rostro lleno de unas emociones que no podía discernir. "¿Sabes dónde fue tomado esto?", preguntó ella.

"Bueno, es una mantarraya en un *petting tank* (tanque de agua donde los niños pueden acercarse a acariciar a los animales)." Por los alrededores de la foto, creo que podría ser en el *Butterfly Pavilion* en Denver. "Visitamos el *Butterfly Pavilion* como familia y hablamos sobre la experiencia en *El cielo es real*."

La miré y pude ver que una pregunta estaba resuelta en su mente. Ella asintió con una sensación de tranquilidad. "Eso es lo que necesitaba saber".

Me di cuenta de que ella me estaba poniendo a prueba. La foto fue una investigación para ver si las historias que contamos en el libro estaban hechas. "Fuimos allí el mismo año que tú, al mismo Pabellón de Mariposas en Denver, con mi niña, que tuvo una fuga intestinal, muy similar a la crisis que enfrentó tu hijo", me dijo. "Oramos como lo hiciste para que ella se recuperara. Pero ella murió."

El pequeño niño pelirrojo parado frente a ella terminó la frase: "Ahora tengo que ser el hermano mayor".

Con el corazón roto, miré a los ojos de ese chico que había perdido a su hermana. No estaba seguro de si alguna respuesta sería suficiente en ese momento. Cuando mi hijo se estaba muriendo, clamé a Dios en una pequeña capilla en el hospital, y Dios respondió esa oración. Decenas de personas me han contactado con frustración en respuesta a la experiencia de mi hijo. Era algo en lo que no había pensado al principio. Se preguntaban por qué Dios había respondido mi oración y no había respondido la de ellos.

¿Cómo podría responder a eso? Tal vez con lo que dije en el funeral de mi padre: "Aquí yace mi mayor oración sin respuesta".

EL FUNERAL

Mi padre finalmente falleció, después de sufrir mucho más tiempo de lo que oraba para que no sufriera. Y luego tuve que predicar en el funeral.

Pararse en el escenario es bastante difícil. Pararse detrás de un púlpito lo empeora. Pero cuando ese púlpito está sobre un ataúd que sostiene el cuerpo de tu padre, tú eliges tus palabras sabiamente. Quieres asegurarte de decir lo correcto.

No sé si las palabras que elegí fueron las correctas. Pero estas fueron las que acudieron a mí: "Aquí yace mi mayor oración sin respuesta".

Pocas cosas son tan difíciles como superar el dolor de perder a un padre. Es aún más complicado cuando tu relación con ese padre es la fuente de muchas de tus luchas en la vida.

Cuando era más joven, mi madre me enviaba a vivir con mi abuelo, Pop. En ese momento, mi padre estaba pasando por un colapso mental. Fue hospitalizado por primera vez cuando mi madre estaba embarazada de mí, y con el tiempo su comportamiento se volvió más irracional y, a veces, conflictivo. Mi madre y otras personas han hablado sobre mi padre como un verdadero hombre de Dios, alguien que leía las Escrituras y trataba bien a las personas. No conocí a ese hombre.

En cambio, crecí con una relación muy disfuncional con mi padre. Al principio, no entendía lo que estaba pasando. Solo sabía que me enviaron desde Oklahoma City a la granja de mis abuelos. Mi padre estaba callado la mayoría del tiempo. Él no interactuaba con nosotros mucho cuando yo era joven. Recuerdo que mi madre tuvo que presionarlo mucho para conectarse. No hacía nada hasta que mamá le gritaba lo suficiente como para participar.

Mi conciencia creció a medida que fui mayor. La enfermedad de papá empeoró progresivamente. Él comenzó a perder trabajos. Sus estadías en el hospital se alargaban. Entonces Pop murió cuando yo tenía siete años, así que mis visitas a la granja terminaron.

Mis padres se divorciaron cuando yo tenía dieciocho años. Eso me dejó con una decisión difícil de tomar: tenía que cuidar a mi padre o ir a la universidad para comenzar mi propia vida.

Fui a la universidad. Pero los problemas me siguieron hasta allá. Como adulto, traté de aislar a mis hijos de las partes difíciles de mi relación con mi padre. Quería asegurarme de que el extraño comportamiento de mi padre no los afectara. Pero comenzaron a darse cuenta de cómo era la situación. En una ocasión, fuimos a ver a mi hermano y fuimos a ver a mi papá. Colby tenía unos nueve años y Colton tenía unos trece. Se dieron cuenta de algunas cosas y me dijeron más tarde que no sabían que era tan malo.

Un mes, en lo que parecía ser un momento aislado de altruismo, papá envió aleatoriamente un paquete con tarjetas de cumpleaños para toda mi familia, todas a la vez. Eso sí, nuestros cumpleaños caen durante todo el año, no todos en el mismo mes. Pero supongo que es la idea lo que cuenta, ¿verdad?

Mi esposa no leyó mi tarjeta primero, me dijo que nunca me habría dejado verla. Estaba llena de duras palabras de ira hacia mí. Agradecí sus palabras a la familia, pero al expresar su amor y admiración por ellos, me dijo cuánto lo había decepcionado. Se sintió tan horrible que me recordaran una vez más que él me veía como una gran decepción. No importa la edad que tengas, si tus padres aún no creen en ti, es difícil llevar tu relación con tu Padre Celestial a un nivel correcto de confianza. Debido a su paranoia, mi padre se volvió contra mí en todo momento a lo largo de mi vida adulta, incluso al final en el hogar de ancianos.

PADRE EN EL CIELO

Al igual que muchas personas cuya relación con su padre es difícil, inicialmente me pareció difícil pensar en Dios como mi Padre. Pero las Escrituras lo describen de esa manera. Jesús dijo: "*¿Quién de ustedes, si su hijo le pide pan, le da una piedra? ¿O si le pide un pescado, le da una serpiente? Pues si ustedes, aun siendo malos, saben dar cosas buenas a sus hijos, ¡cuánto más su Padre que está en el cielo dará cosas buenas a los que le pidan!*". [1]

Pero ese es el problema. Debido a su enfermedad mental, mi padre era exactamente el tipo de hombre que podría elegir piedras o serpientes en este ejemplo que dio Jesús. Una vez se presentó en mi campus y dejó salir el aire de mis neumáticos para que yo no pudiera llegar a tiempo a mi trabajo. ¿Cómo podría confiar en la idea de este Padre Celestial si ni siquiera podía confiar en mi padre de carne y hueso en la tierra?

Pero de alguna manera crecí en mi fe. De alguna manera Dios me dio dones, no solo de gracia, sino también de ministerio. De alguna manera, este niño confundido se convirtió en pastor. Pero eso no significa que había resuelto esta relación con mi padre. Simplemente no tenía sentido para mí, y llegó a un punto crítico cuando se enfermó más y más.

A veces eso sucede. Es como un triturador de basura roto: solo cuando se rompe y tienes que meter la mano en el fregadero recuerdas todas las cosas desagradables que echaste allí, porque tienes que ensuciarte las manos otra vez. Cuando la salud de mi padre comenzó a fallar, tuve que ensuciarme las manos una y otra vez, en el triturador de basura de mi alma.

Oré durante años para que Dios sanara a mi padre. Oré cuando era niño y descubrí que algo andaba mal. Oré como adolescente, nunca sintiendo que tenía un hogar verdaderamente normal como mis amigos. Yo quería eso profundamente. Oré como un adulto joven, especialmente cuando tenía mis propios hijos. Pero nada cambió.

Mis oraciones parecían dejar mis labios solo para caer al suelo, sin siquiera ser escuchado por Dios. Entonces, es por eso que cuando presidí el funeral de mi padre y saludé al ataúd que sostenía su cuerpo, dije: "Aquí yace mi mayor oración sin respuesta".

De hecho, tenía tres oraciones no respondidas relacionadas con mi padre: que sanara de su enfermedad mental; que superara los desafíos de salud que enfrentaba a medida que envejecía; y que al menos muriera rápido y no sufriera, haciéndome ver la tortura. Dios no respondió ninguna de estas oraciones de la manera en que yo quería que lo hiciera.

La ironía de mis oraciones no contestadas en ese funeral es que muchas personas que habían leído *El cielo es real* en ese momento estaban enojadas conmigo porque muchas de mis otras oraciones *fueron* respondidas. Pero seamos realistas. Mucha gente ora tal como yo lo hice, y muchos piden tan solo un pequeño milagro. Solo un poco de esperanza. Y luego no lo entienden. Y luego oyen hablar de un niño que experimentó el Cielo, y aunque lo aprecian, los enoja. Tengo múltiples milagros y mucha esperanza. Ellos no tienen nada. Así es como lo ven.

Tal vez sea bueno para ti saber que no todas mis oraciones son contestadas como quiero que lo sean. Oré para que mi padre se curara de su enfermedad mental y no se sanó. Además, fue una oración sin respuesta porque simplemente no podía entender la justicia de todo. Por un lado, mi padre fue horrible conmigo e hizo cosas que ningún cristiano debería hacer. Ese comportamiento me dijo que él no pertenecía al Cielo. Pero también estaba profundamente preocupado por la salvación de mi padre. Otros hablaron acerca de su fe en Cristo y su dedicación como un hombre joven antes de su enfermedad, antes de que todo comenzara a ir cuesta abajo. ¿Fue ese hombre fiel mi verdadero padre, o fue el confundido que experimenté?

Luché con lo que dijo Jesús antes de dejar sus propios discípulos: "No se angustien. Confíen en Dios, y confíen también en mí. En el hogar de mi Padre hay muchas viviendas; si no fuera así, ya se lo habría dicho a ustedes. Voy a prepararles un lugar". [2]

¿Había una habitación preparada para mi papá? ¿Y si la perdió en su descenso a la locura parcial?

Con los años, mi verdadero Padre Celestial comenzó a darme más de su comprensión. Fue una experiencia con mi padre la que realmente me ayudó. A medida que mi padre envejecía, tenía diabetes. Su páncreas dejó de producir la insulina que necesitaba. Esto también afectó su comportamiento de malas maneras. Esto, quizá, fue un poco más fácil de manejar para mí. Decidí rastrear su mal humor hasta su páncreas. La comprensión de Dios vino a mí: *alguien no pierde su salvación solo porque su páncreas deja de funcionar.*

Entonces, ¿podía extender la misma gracia a su enfermedad mental? *Papá no pierde su salvación solo porque su cerebro no funciona bien.* Yo necesitaba eso, porque algunos de los comportamientos terribles de mi padre me perseguían.

Mi vida de oración hizo un giro significativo.

Empecé a cambiar mis oraciones. *Dios, yo sé quién era él, y en algún lugar dentro de él está ese hombre de Dios. Es solo que su cerebro no está funcionando ahora mismo. Entonces creo que él estará en el Cielo.* Cambiar mi oración me ayudó a superar eso.

En lugar de orar para que Dios sanara su enfermedad mental aquí en la tierra, oré por el futuro. *Dios, si no vas a sanarlo aquí, ¿puedo al menos conocer a mi verdadero padre en el cielo? Nunca tuve esa relación con él aquí, pero ¿puedo tenerla en el cielo?*

NUEVO ENTENDIMIENTO

Dios no respondió mis oraciones para la sanidad de mi padre en la tierra. Pero pude sentir a Dios diciendo: "Sí, la tendrás. Tendrás esa relación con tu padre en el cielo".

Durante esto, escuché historias acerca de otros que fueron bien tratados por él en ciertos momentos cuando estaba en el hogar de ancianos. Vislumbres del hombre de Dios estaban allí. Pude creer que dentro de él todavía había un hombre que había leído la Biblia y se había comprometido a creer en Jesucristo y seguirlo. Cuando su cerebro y su cuerpo estaban bajo su control, él era ese hombre. Cuando no lo estaban, no lo era. Estoy aferrado a la respuesta de que un día Dios me dará la oportunidad de conocer a mi verdadero padre.

Y con eso, fui capaz de liberarlo. Pude seguir adelante.

Creo que otros se ocupan de esto, particularmente cuando alguien que aman se desliza en algún tipo de demencia. Conocí a un ministro retirado cuya esposa estaba tan atormentada por un dolor horrible y una docena de enfermedades que su actitud cambió por completo. La mujer que una vez fue dulce y amable se convirtió en un terror para estar cerca. "Ya no es ella misma", se disculpó el amable ministro.

Una mujer profesional que conozco que está en sus cincuentas tuvo que tomarse un mes completo fuera de su trabajo para rotarse con sus hermanos cuidando a su madre. Debido a que su madre tenía la enfermedad de Alzheimer, esta hija dijo: "No solo no me reconoce por la enfermedad, honestamente, apenas la reconozco por lo mucho que ha cambiado".

En estas situaciones, un ser querido puede volverse odioso y desagradable. Comienzas a preguntarte, como yo me preguntaba: "¿Hay algún lugar preparado en el Cielo para ella?". "Señor, ¿sigue siendo el hombre que era, allí adentro?".

Estoy aquí para decir: no pierdas la esperanza. No te rindas. Puede que no entiendas. Pero Dios entiende. Él sabe. *"Confía en el Señor de todo corazón, y no en tu propia inteligencia".* [3] Él puede darte la paz de la que habla la Escritura, *"...la paz de Dios, que sobrepasa todo entendimiento..."* [4].

TODAVÍA ENOJADO

El hecho de que yo venía a la ciudad a predicar el mensaje para el funeral de mi padre había causado cierto alboroto. El pastor de la iglesia recibió múltiples quejas, ya que la gente estaba enojada conmigo porque mi padre había dicho muchas cosas horribles inventadas sobre mí mientras estaba en el hogar de ancianos. Mi reputación entre la mayoría del personal y los residentes del hogar de ancianos estaba destruida. Ellos no pensaban que se me debía permitir hablar en el funeral.

Pero sí compartí en el funeral, dando mucha de esta historia y mi dolor en el proceso. Después del servicio, el pastor me dijo: "La gente todavía está enojada, pero por una razón diferente ahora: están enojados porque todos quieren copias del mensaje funerario, porque conocen a las personas que necesitan escuchar esto. El problema es que normalmente no grabamos los mensajes de los funerales, así que no los tenemos en la cinta ¡y ahora están enojados conmigo!".

RESPUESTA INESPERADA A LA ORACIÓN

La enfermera del hospicio ahora me veía como un tipo normal pasando por la pérdida, algo que ve todo el tiempo.

No entendí por qué Dios permitió que mi papá aguantara con dolor durante tantas semanas. Luego, después de ese funeral, alguien llamó a mi hermano y le dijo que esa enfermera de cuidados paliativos había decidido poner su fe en Cristo. Finalmente entendí: Dios quería que ella me viera con mi papá. Quería que mi lucha y mi dolor influyeran en ella en esos terribles momentos para hacer una diferencia.

En los últimos años, me he dado cuenta de que mi mayor oración sin respuesta fue el lugar donde Dios me está dando la mayor dosis de su comprensión espiritual. ¿No es así como funciona nuestro

Dios real? Lo pone todo de cabeza, y al final las cosas que no tienen sentido comienzan a tener el mayor sentido de todo.

Dios estaba obrando incluso cuando yo no podía decir con certeza si él estaba escuchando mis oraciones. No entiendo por qué a mi padre se le permitió pasar por esa enfermedad mental. No sé por qué me trató tan mal debido a eso. No lo entiendo del todo, pero Dios, a través de su gracia, me está dando parte de su comprensión espiritual que va más allá de la mía. Y Dios no nos promete que vamos a entender todo. Quizá en el Cielo lo entenderé más, o no tendré que entenderlo. Sigo teniendo fe en medio de lo que no entiendo.

En este caso, Dios sí me mostró por qué respondió mis oraciones de una manera diferente a como lo pedí. Y tal vez, solo tal vez, solo un poco de la razón está en las palabras que estás leyendo en este momento. Tal vez él quería que tu también entendieras un poco más.

11

LA GRAN IMPORTANCIA DE LA CRUZ

*He visto espectáculos y pinturas de Jesús muriendo en
una cruz ungida... es una tortura.
¿Por qué la cruz es tan importante para los cristianos?*

Hay dos maneras principales de ver la cruz: como una historia o como un símbolo. Como símbolo, una cruz es un poco extraño. Cuando piensas en lo que es una cruz, es algo así como poner una silla eléctrica en el frente de un santuario, o usar una jeringa de inyección letal de oro alrededor de mi cuello, o hacerte un tatuaje de una soga colgada en mis bíceps. Estas son imágenes oscuras, pero serían paralelas porque la cruz es un instrumento de muerte, y en muchos sentidos es peor que estos otros símbolos, porque la cruz estaba destinada a la tortura antes de la muerte. En los días de Jesús, los afortunados eran decapitados: rápido, pero indoloro. Las cruces estaban destinadas a enviar un mensaje a las masas: *Si alguien piensa en repetir lo que hicieron estos tipos, les avisamos. Morirán públicamente, lentamente y con la mayor agonía posible.*

Pero para el seguidor de Jesús, una cruz no es un símbolo. No se trata de ideas. Se trata de la historia. De hecho, se trata de *su historia*. La historia de la cruz es, en realidad, la historia de más de una cruz. Quizá lo hayas visto antes: no solo una cruz en sí misma, sino tres, con una más alta en el medio, en primer plano. Esto es una pista de la historia. Es un indicio de una conversación que ocurrió entre las tres personas que colgaron en esas cruces, que nos ayuda a entender el significado de la cruz.

Otros dos criminales fueron colgados a la izquierda y a la derecha de Jesús. Uno reprendió a Jesús, pero el otro dijo: *"Nosotros merecemos morir por nuestros crímenes, pero este hombre no ha hecho nada malo. Luego dijo:—Jesús, acuérdate de mí cuando vengas en tu reino"*.[1]

Jesús no perdió el instante. Incluso en medio de su dolor, él respondió: *"—Te aseguro que hoy estarás conmigo en el paraíso"*.[2] Esa historia es la clave más allá del simbolismo. La historia *es* el significado.

EL SIMPLE SIGNIFICADO DE LA CRUZ

La cruz es una verdad profunda que a veces es difícil de entender, pero hay partes de ella que son muy simples de entender. Como cuando resolvemos un problema o construimos algo, no debemos omitir las cosas simples y básicas: ese es el lugar para comenzar. La Biblia es de esa manera en cuanto a la cruz; es una ecuación simple. Me pregunto si algunos de nosotros preferiríamos centrarnos en las cosas que no están claras, en vez de centrarnos en las claras. Los cristianos y los no cristianos se enfocan rápidamente en los desacuerdos complejos, en lugar de las cosas simples sobre las que puede haber acuerdo.

Con la cruz, debemos recordar que se trata de relaciones.

Mi hijo Colton tiene un vivo recuerdo de la naturaleza relacional de la cruz. Al experimentar el Cielo, notó que nadie allí llevaba gafas o tenía ningún tipo de cicatriz en su cuerpo. Pero cuando llegó a Jesús, vio las marcas en sus manos. Le preguntó a Jesús: "¿Por qué tienes esos marcadores sobre ti?". Jesús dijo: "Es para recordarme cuánto te amo".

UNA CRUZ DE RELACIÓN

Olvidamos que una de las cosas con la que nos podemos relacionar con respecto a la cruz, es que esto implica a un padre viendo morir a su hijo. Quizá has encontrado imágenes de la muerte de Jesús, especialmente las inquietantes representaciones precisas de la tortura. Sé que he visto películas que ofenden a las personas porque son muy realistas sobre lo que sucedió. Es difícil mirar para ti y para mí... ¡Piensa en lo difícil que fue para Dios!

Algunos han dicho que Dios apartó la mirada de la cruz, volvió la cabeza o abandonó a Jesús porque Dios no puede ver el pecado. Pero Dios mira el pecado todo el tiempo. Si Dios no puede ver el pecado, no puede mirarte, ni mirarme a mí, ni a nadie en el mundo. Es mucho más simple y relacional que eso. La Biblia incluso dice: "*Despliegas nuestros pecados delante de ti —nuestros pecados secretos— y los ves todos*".[3] Dios no le dio la espalda a la cruz porque no podía ver el pecado, le dio la espalda porque él simplemente no podía mirar más a su hijo.

Sé cómo se siente. Tal vez tengas un hijo o un pariente que no podrías imaginar viendo pasar por el dolor. Fu doloroso para mí cuando vi que mi hijo estaba muriendo, noté la forma en que su cuerpo estaba sufriendo y sacudiéndose, veía la agonía que sentía. Todo en mí quería cambiar de lugar con él. No pude hacer nada al respecto. La diferencia es que Dios podía hacer algo al respecto. Dios es todopoderoso. Entonces, Él tuvo que mirar hacia otro lado o podía haberlo detenido. Dios ha experimentado esa tragedia personalmente. Desearía que eso rompiera nuestro corazón más que lo que rompemos el corazón de Dios.

Tal vez no puedas imaginar a Dios sintiendo dolor, pero Jesús tuvo dos padres: uno terrenal y uno divino. Puedes ver a María llorando desconsoladamente; puedes escuchar sus llantos incluso ahora porque puedes relacionarte con el dolor y la pérdida. Los pocos amigos que tuvieron la fe para unirse a ella la rodearon con sus brazos. Juan promete cuidarla, pero nadie puede o podría consolarla en ese momento. Ella está en agonía. En ese momento, ¿qué se atreve Gabriel a decirle a Dios? ¿Están gritando los ángeles, "Santo, santo, santo"? ¿O el cielo está en silencio? ¿Está lleno de los gritos apagados de santos y ángeles como Dios el Padre también llora? ¿Cómo suena el llanto de Dios? Sabes y sé que nadie podría consolar al padre de Jesús en el Cielo más de lo que nadie podría consolar a su madre en la tierra. Él también está en agonía.

Mi hijo Colton tenía diez años cuando salió el libro sobre su historia. Entonces, sentí que él necesitaba leer el libro (un libro que trata principalmente sobre él). No estaba demasiado emocionado por verse obligado a leer un libro escrito por su padre, por lo que trató de evitarlo. Constantemente ocupado, simplemente no tenía tiempo porque siempre había una mejor opción que aparecería repentinamente en su día a día. Tuve que forzar el asunto. "Colton, la escuela comienza en unas tres semanas. Tendrás este libro leído para entonces, por lo que leerás cinco capítulos por día hasta que termines. Y una vez que comiences, no dejes de leer cada sección hasta que hayas terminado los cinco capítulos. ¡No hay opción!".

Supo que hablaba en serio y comenzó a leer. Pero aún esperó hasta tarde en el día para empezar, todos los días. La primera noche pasó como se esperaba. Los primeros cinco capítulos son bastante cortos, pero no necesariamente más que cualquier otro conjunto de cinco capítulos. Tomó unos cuarenta y cinco minutos para viajar a través de ellos, constantemente recordándose a sí mismo que era su mejor opción en ese momento. En la segunda noche, sin embargo, terminó de leer y estaba arriba en la cocina en menos de veinte minutos. Me sorprendió, porque sabía que no podría haber terminado los cinco capítulos esa noche, como se le había dicho explícitamente que hiciera.

Entré en la cocina y Colton estaba de espaldas a mí, haciendo un sándwich. Dije: "Oye, Colton, se supone que debes leer. Sé que no eres un lector de velocidad. No hay forma de que hayas terminado de leer esos cinco capítulos ya". Pero él no se dio vuelta; él solo se quedó allí. Finalmente se dio vuelta lentamente, y estaba llorando. Él no podía hablar. Caminó hacia el mostrador junto a mí con su cara roja. Antes de que pudiera comenzar a hablar, tuvo que tomarse un momento para calmarse.

"Papá, tuve que parar. Acabo de terminar el capítulo ocho." (Ese es el capítulo llamado *Raging at God* [significa "Furioso con Dios"], donde me derrumbé y le grité a Dios que no se llevara a mi hijo).

Él continuó: "Lo siento, papá. Olvidé cuánto todo esto les dolió a ti y a mamá. Tuve que parar".

No sabía qué decir. Ahora estaba llorando como él, y mi cara también estaba roja por el dolor. Solo le dije: "Lo sé, hijo. Mientras disfrutabas el Cielo, saber que podríamos perderte fue realmente duro para nosotros aquí".

Este fue el momento en que se dio cuenta del dolor profundo para nosotros, no solo para él.

Ese es el tipo de emociones que nosotros, los que creemos en la cruz, comenzamos a tener: nos damos cuenta de que nuestro pecado lastima a Dios, y que él siente que eso duele de la misma manera que podemos sentir por nuestras propias heridas. A Dios le dolió cuando su hijo murió. Cualquiera que mire una cruz dorada que cuelga del cuello de una dama y piensa que es solo una joya, no tiene idea de que esa joya representa: el mayor dolor de Dios.

UNA CRUZ DE PAGO

En mi mente humana, no sé por qué la cruz era tan necesaria. Sé que fue predicho. Cuando Abraham fue probado acerca de ofrecerle a su hijo a Dios, prefiguró cuán severamente Dios sería probado ofreciendo a su hijo por nosotros. Aunque se encontró un sustituto para Isaac, no se encontró ningún sustituto para Jesús. Él es el sustituto. Verás, la descendencia de Abraham debería haber pagado el precio de su propia rebelión. Pero Dios en su amor tomó la decisión más dolorosa posible. Él planeó incluso entonces dar a su hijo a cambio de que hagamos nuestras vidas nuevas, y proveernos amor infalible. Dios nunca falla en mantener sus promesas.

De hecho, Jesús hizo la misma pregunta mientras oraba en el Jardín de Getsemaní. Incluso Jesús se preguntaba si era necesario, así que creo que está bien que le hagamos esta pregunta a Dios. Pero la respuesta del Padre fue que este era el plan. Jesús ya lo verificó, y sí, no era "su voluntad", sino la "voluntad del Padre".

Claramente, el pecado no está bien. Y algo tenía que hacerse al respecto. Jesús tomó nuestro pecado sobre sí mismo para resolver el problema del pecado, para proveer una forma de vencer el pecado y la muerte, y comenzar una poderosa revolución que cambió toda la historia. Necesitaba caminar a través de este valle para guiarnos hacia la gloriosa montaña del otro lado.

La cruz representa una historia; es más grande que el simbolismo. El tipo de madera no importa, la manera en que se forma la cruz no importa. De hecho, muchas tradiciones forman la cruz de diferentes maneras; algunos han interpretado la cruz como una X o como una T. Algunos muestran una cruz elegante, algunos la muestran simple. La realidad es que la cruz fue solo el *método* de cómo murió el hijo de Dios. Cuando decimos "la cruz" no queremos decir que la *cruz* real fue la clave. Si Jesús hubiera sido decapitado, como lo fue su primo profeta Juan, quizá eso sería inmortalizado como la Crucifixión. El punto era asumir nuestro pecado, morir en nuestro lugar, proveer un camino hacia la victoria después, y comenzar una revolución para todos los tiempos.

Hay un gran pasaje en la Biblia que nos ayuda a pensar cómo enfocar nuestra atención en lo que importa acerca de la cruz, en Hebreos 12: *"Por tanto, también nosotros, que estamos rodeados de una multitud tan grande de testigos, despojémonos del lastre que nos estorba, en especial del pecado que nos asedia, y corramos con perseverancia la carrera que tenemos por delante. Fijemos la mirada en Jesús, el iniciador y perfeccionador de nuestra fe, quien, por el gozo que le esperaba, soportó la cruz, menospreciando la vergüenza que ella significaba, y ahora está sentado a la derecha del trono de Dios".* [4]

Hablemos de las diferentes partes de estos versículos.

NUBE DE TESTIGOS

Esta metáfora, una *"nube de testigos"*, es solo la idea de un grupo de personas que nos precedieron para poder ver lo que está sucediendo (son testigos de los acontecimientos de hoy). Esta es una forma hermosa de comenzar nuestra conversación sobre la cruz.

La realidad es que nuestros seres queridos nos ven desde el cielo. ¿La abuela que probablemente oró por ti? Ella puede verte desde el Cielo. ¿Ese amigo que falleció en la flor de la vida? Él es un testigo, también.

Además, todos los héroes de la fe mencionados en Hebreos 11 están mirando también. Estos conocidos y desconocidos fieles son testigos de nuestro encuentro con la cruz hoy.

ESTORBA Y ASEDIA

Hemos hablado del pecado y la tentación algunas veces en estas páginas. Algunas cosas no son pecado, pero aún pueden estorbarnos o asediarnos: circunstancias neutrales, pero difíciles, o tal vez incluso las cosas buenas que se convierten en una distracción. Puede ser una experiencia que tuviste con un líder religioso. Puede ser un trauma infantil, o una relación reciente. Para ir directamente a Jesús en la cruz, debemos deshacernos de estas cosas que estorban y asedian.

Esto es parte de por qué este libro está escrito tal como es. Quiero escribir de una manera que sea simple y tangible para ti como lector, algo que tenga sentido para las personas comunes como tú y como yo. No necesitas una maestría para entender y recibir la gracia de Dios. Lo que sea que pueda detenerte o hacerte tropezar en tu camino hacia una mirada clara en la cruz, tíralo justo como dice el pasaje anterior.

CORRE CON PERSEVERANCIA

Mi entrenador de lucha libre en la escuela secundaria nos enviaba a una carrera de cuatro millas *después* de la práctica. Correr siempre me ha parecido una tortura, no un ejercicio. Honestamente, todavía odio hacer eso. Tengo malos los arcos de los pies, y mi edad me recuerda el tobillo que me rompí hace mucho tiempo, lo que hace que correr sea especialmente difícil para mí.

¿Eres un corredor? ¿Te gusta perseverar cuando corres? ¿Parece que vale la pena? Aunque no creo que correr valga la pena, en las cosas espirituales persevero porque vale la pena. Puedo mantenerme en forma de manera diferente a correr, pero no puedo mantenerme en forma espiritual sin involucrar directamente a Dios. Tengo que escucharlo y enfocarme en Jesús y la Biblia, que me cuenta acerca de Dios.

FIJA LA MIRADA EN JESÚS

Déjame contarte una nueva experiencia para mí. Sentí que Dios me llevó a aprender español. Esto es bueno porque ahora trabajo con varias personas que solo hablan español.

Aquí en Imperial, Nebraska, hay una granja de procesamiento de papa donde hacemos el embolsado y envío. Hago trabajo mecánico allí un día a la semana, arreglando cosas y haciendo un poco de mantenimiento. Generalmente hay de cincuenta a ochenta empleados allí, y si algo se rompe, podría haber cincuenta personas esperando para trabajar y camiones esperando para cargar. Por lo tanto, trabajamos para mantener los equipos en la mejor forma. La mayor parte de mi trabajo se basa en soluciones que no son de emergencia.

Ya que he trabajado allí, y noté que dos de cada tres de mis compañeros de trabajo hablan español. Casi un tercio de la población de nuestra pequeña ciudad es hispana. Lo menciono porque mi primer idioma es el inglés, así que es fácil para mí hablar en ese idioma. Nací en una familia de habla inglesa. Es mi punto de partida, el lenguaje de mi corazón. Mi historia y antecedentes afectan la forma en que me acerco a Dios. Me enseñaron a leer la Biblia, que es mi núcleo espiritual, mi primer idioma. Al acercarme a Dios, siempre leo la Biblia y luego pienso en cómo Dios me está hablando. Pero eso no quiere decir que no me estiro en otras direcciones.

La clave es recurrir a las prácticas centrales que te ayudan a fijar tu mirada en Jesús, pero también a estirarte de nuevas maneras que te ayuden a enfocarte. Por ejemplo, me he obligado a llevar un diario para enfocarme más en Dios. Soy un hombre muy varonil, y solía pensar en un diario como algo femenino (no es que sea algo malo, simplemente no pensé que fuera para mí). Pero he estado escribiendo en un diario consistentemente durante aproximadamente quince años. Ahora, cuando leo la Biblia, escribo en un diario después para aplicar la Palabra, en lugar de tan solo dejar pensamientos en mi cabeza.

Una práctica espiritual que me estira más, es sentarme y simplemente escuchar a Dios. Ese no es el lenguaje de mi corazón en absoluto; es como español espiritual para todo mi ser. No me gusta sentarme y tan solo escuchar. Tengo que esforzarme para incluso orar a través de una lista de peticiones. Mientras estoy sentado en una habitación tranquilamente, tratando de dejar que Dios hable, el silencio es la parte más difícil. Tengo ganas de decir *"estoy esperando, Dios. No tengo mucho tiempo aquí, así que habla"*. Pero cuando lo hago, me parece que tiene cosas poderosas que decir, ¡cosas que estoy muy contento de haberme tomado el tiempo de escuchar!

¿Cuáles son algunas maneras que pueden ayudarte a fijar tu mirada en Jesús? Estírate y comienza a ponerlas en práctica.

SOPORTÓ LA CRUZ

Cuando piensas en el hecho de que Jesús pidió que se le quitara la copa en el Huerto de Getsemaní, ¿qué te dice acerca de este Jesús que aun aguantó la cruz por tu bien? ¿Por qué Jesús preguntó si podría haber otra manera? Jesús tenía pensamientos tal como lo harías tú en esa situación. Sabía que era la voluntad del Padre, pero aun así preguntó.

Recuerda, este Jesús es la misma persona que dijo: "Si oras algo en mi nombre, lo recibirás", pero no recibió la respuesta que pidió. La copa no fue tomada de él. Él quería un camino diferente, pero aceptó el plan del Padre. En su divinidad, Jesús sabía por qué debía suceder esto, pero su humanidad sentía el dolor del cómo.

Nos preguntamos si podemos confiar en Dios, y si puede haber otro camino que no sea Jesús, y si hay otros caminos hacia Cristo. Incluso Jesús le preguntó al Padre si podría haber otra manera. No quería tener que pasar por la tortura de la cruz, y pidió que le quitaran la copa que representa ese dolor para que no tuviera que beberla. La respuesta fue no.

No conozco todas las formas en que Jesús encuentra personas para salvarlas, pero sé que por el gozo que se puso ante él, Jesús soportó esa cruz por ti y por mí.

A LA DERECHA DEL PADRE

¿Qué significa que Jesús está *a la derecha de Dios el Padre*? Significa que Jesús es el humano más importante de la historia. La gloria del hijo se logra, y la cruz conduce al trono de Dios. Cuando rechazamos esta cruz, a este hijo de Dios, también rechazamos al Padre. Piensa en el padre de un soldado que da su vida por otros. Como padre, no podrías manejarlo bien si alguien no respetara ese sacrificio. Tú nunca quieres que ese sacrificio sea deslegitimado.

En nuestra humanidad, olvidamos que Dios piensa de esa manera sobre su hijo. Aun me pregunto qué hubiera pasado si Jesús no hubiera dicho: *"Dios, perdónalos, porque no saben lo que hacen"*, mientras estaba en esa cruz. Creo que eso es lo más importante para nosotros. Nos hubiéramos quedado perdidos. Pero Jesús nos dio la redención.

Ese es el simple significado de la cruz. Y entonces podemos comenzar allí, arrodillándonos al pie de la cruz. Podemos hacer eso porque la cruz no es tan solo un símbolo. Es una historia verdadera. Podemos arrodillarnos ante esa cruz porque otra persona estuvo colgada al lado de la cruz y escuchó las noticias asombrosamente buenas antes que nadie. La historia central de la cruz es que algo sucedió allí que hizo posible que Jesús extendiera la gracia a ese criminal que "merecía morir", en sus propias palabras. Algo sucedió allí en la cruz que permitió admitir nuestra propia culpa y pedirle a Jesús que nos recuerde cuando entre en su Reino, y él dijo que lo haría.

Pero todavía hay una cruz más. Si no hablamos de eso por un momento, nos quedamos cortos de toda la verdad que viene con la cruz.

LA PEOR CRUZ

Jesús murió en una cruz que había sido preparada para un hombre llamado Barrabás. Debido a la costumbre de Pilato de liberar solo a un criminal al año para fines de relaciones públicas, Barrabás vivió y Jesús murió en su lugar. Pilato declaró inocente a Jesús, pero cedió ante la multitud. Los líderes mundiales hacen lo mismo hoy. Es por eso que la opinión pública puede ser el peor lugar para buscar integridad, verdad o justicia.

Los dos criminales que murieron al lado de Jesús tenían que odiar esa decisión. La furia de un criminal fue obvia. Colgado tan cerca del ladrón que pidió la ayuda de Jesús, estaba este hombre. No estaba dispuesto a admitir los errores que había cometido. Él no iba a defender a Jesús; él simplemente se burló de Jesús como los demás. Si Dios iba a permitir que algo tan injusto sucediera entre él y Barrabás, no se iría feliz a su tumba. Él estaba cegado por su amargura.

No sabemos lo que el criminal en la otra cruz había escuchado acerca de Jesús. ¿Oyó las multitudes que cantaban fuera de la ventana de su celda? ¿Pudo haber escuchado la declaración de Pilato sobre la inocencia de Jesús? ¿Vio a Barrabás sonreír, con los brazos en alto y la multitud vitoreando, mientras caminaba hacia la libertad? ¿Alguna vez había sido miembro de una multitud en tiempos más agradables, aquellos tiempos en que la gente se sentaba a los pies de Jesús y escuchaba a Jesús enseñar? ¿Había sido uno de los oyentes, o le habían contado otros sobre lo que habían oído decir a Jesús?

No sabemos nada de esto con certeza, pero sí sabemos que tuvo tiempo para pensar en su vida y su destino. Sabía que su sentencia de muerte era segura. Probablemente pasó la mayor parte de ese tiempo esperando y orando para que Dios de alguna manera tuviera piedad de él al otro lado de la muerte. En la colina al lado de Jesús, ¿vio las espinas aplastadas en la cabeza de Jesús? ¿Leyó el letrero colocado encima de Jesús, rey de los judíos, antes de que esa cruz se levantara del suelo? ¿Vio las lágrimas correr por la cara de Jesús? No lo sabemos, pero sabemos que escuchó todo lo que se dijo acerca de Jesús, especialmente el hecho de que su cohorte estaba al otro lado. Luego tomó una decisión.

En sus últimas frases pronunciadas en este mundo, defendió a Jesús. Algo dentro de él lo ayudó a decidir que Jesús era realmente inocente. Jesús no pertenecía a donde pertenecía Barrabás. Jesús estaba siendo tratado más injustamente que él. Este hombre admitió que, aunque estaba muriendo, no se podía negar que merecía su sentencia.

Le preguntó al otro criminal: "¿No le temes a Dios en absoluto?". Él sabía que necesitaba misericordia. ¿Cómo podría este otro criminal no descubrir esa simple verdad? Luego, volviéndose a Jesús, oró una de las plegarias más incompletas que el mundo haya escuchado jamás, pero puso su esperanza y su fe en el único que podía darle misericordia. Y él recibió misericordia.

El otro criminal recibió... bueno, según las Escrituras, no recibió nada. Después de que Jesús prometió vida a este criminal humilde, honesto y arrepentido, nunca dijo una palabra más al otro criminal que se burlaba de él desde su otro lado.

Ambos criminales recibieron justo lo que eligieron recibir. Uno quería rechazar a Jesús, burlarse de Jesús, darle un puñetazo a Dios por una sentencia justa contra sus propios crímenes, y entrar en su eternidad enojado y molesto con Dios. Él consiguió lo que quería.

El otro pidió la misericordia de Dios. Él no quería pelear contra Dios. Él quería paz con Dios. Tomar la decisión de defender al que murió en esa cruz le dio la paz y la misericordia que él eligió.

Jesús eligió morir por todos nosotros para que todos pudiéramos elegir ser perdonados. Dios también le dio lo que él eligió.

Cada persona que murió en esa colina recibió lo que eligió.

12

PROGRESAR O MORIR

Voy a la iglesia, pero ¿por qué no funciona para mí?

Como todos los padres, Nick y Kristi recibieron la llegada de su hijo con gran expectativa y no poco miedo.[1] Sabes que va a ser tan grande tener un paquetito de alegría y sonrisas (sin mencionar pañales sucios y lágrimas), pero también te preocupa cómo sucederá todo. Cada ultrasonido fue un momento de anticipación mezclado con "seguro que espero…" y "Vamos a asegurarnos…"

El pequeño Cruz llegó tal como lo espera cualquier padre, con diez dedos de manos y pies y todos los órganos trabajando bien. Antes de que lo supieran, salieron del hospital y comenzaron a ser una familia. Ganó algo de peso, llegando a las trece libras. Luego sucedió …

Nada.

No era que algo estuviera mal, es que *nada* cambió. Él dejó de crecer. Por un tiempo esto no importó. Algunos niños se estancan en su crecimiento y luego tienen una aceleración en el crecimiento. El problema con Cruz fue que nunca llegó la aceleración. Él se mantuvo en trece libras constantemente. Otras cosas progresaron, pero él se quedó menudo y frágil.

Las pruebas comenzaron. Cada brazo o pierna tenía marcas de aguja. A este chico de trece libras lo engancharon a todo tipo de máquina extraña que puedas imaginar. Se utilizó todo método de alta o de baja tecnología para tratar de deducir qué sucedía. Cada prueba trajo una nueva mezcla de emociones: necesitaban saber qué estaba mal, pero no deseaban que fueran ciertas todas las cosas que intentaban probarse.

Finalmente, los especialistas proveyeron un diagnóstico. No es la clase de diagnóstico que los padres querrían escuchar. Es el tipo de diagnóstico que, según el punto de vista de los médicos, no tiene tratamiento que el dinero pueda pagar, ni creen que tenga una cura milagrosa. Lo que es peor es que la especificidad de las malas noticias todavía estaba unida a una enfermedad muy vaga. Dijeron que Cruz tenía acidosis tubular renal, en términos simples, su hijo "no podía progresar". Su cuerpo no estaba digiriendo los alimentos correctamente, y no estaba creciendo.

Les contaron las duras noticias de que esto era una amenaza para la vida, y su pronóstico continuaría siendo incierto. ¿Qué peores palabras podría escuchar un padre?

Nick y Kristi fueron a la gente de su iglesia, a mi iglesia y a muchas otras iglesias completamente destrozados por esta noticia, pero pidieron que todos nosotros aún oráramos de alguna manera. Nuestra iglesia tiene grupos de personas que rezan en las salas de estar con pastel y té por la noche, en abarrotados pasillos de la iglesia los domingos, y en aulas pequeñas con café malo temprano en la mañana. Los hospitales y los médicos habían terminado su trabajo de pronóstico y evaluación, por lo que los santos y pecadores (y algunos que son una mezcla de ambos) en mi iglesia y muchas otras iglesias nos dedicamos a la tarea que conocemos bien y sabemos que funciona: oración con ayuno. Pero era difícil tener fe. Hemos escuchado muchos malos pronósticos en el pasado, solo para ver que se acorta el futuro de alguien. Hemos orado antes y no obtuvimos los resultados que esperábamos, pero aún hacemos el trabajo de la oración porque también lo hemos visto obrar milagrosamente. Aún aquellos con poca fe orarán en una crisis. Nada convierte a un agnóstico en un guerrero de oración como la desesperación. Dios no siempre da las respuestas por las que pensaste que estabas orando, pero él siempre va a seguir trabajando.

FE INNEGABLE

Es importante conocer aquello con respecto a lo que tú crees. No quiero desanimarte de leer la Biblia o de buscar respuestas para preguntas difíciles; gran parte de este libro trata de esas respuestas. Sin embargo, al final no quiero que trabajes duro por tu fe, sin vivir activamente tu fe. Defender tu fe sin vivirla es mucho hablar y no caminar.

Quizá estás "fallando en progresar espiritualmente". ¿Es posible que estés atrapado con una fe de trece libras en un cuerpo adulto, y tengas problemas en digerir las cosas espirituales que oyes y lees? Te desafiaría a vivir más peligrosamente. La mayoría de los cristianos eligen vivir por *seguridad*, en lugar de por *fe*. Si algo es difícil o nos hace sentir incómodos, tenemos la tendencia de alejarnos de lo que Dios nos pide.

Dios responde a la obediencia más que a todo lo demás que he visto en las vidas de las personas. Los cristianos se entusiasman en su viaje cuando usan algo de fe en lugar de tan solo hablar sobre la idea de la fe. Dios nos guía cuando oramos, cuando compartimos nuestras vidas con otros, o cuando leemos de las Escrituras. Nos guía a través de impresiones de gozo, golpes de compasión o incluso en momentos de convicción. Cuando decimos "sí" a estas indicaciones, Dios se pone a trabajar y salimos de nuestra hibernación espiritual.

Las dos personas más emocionadas de mi iglesia ahora mismo hicieron exactamente eso. Nate es un buen amigo, confiable, sólido, pero muy tranquilo. No lo ves decir muchas palabras a menos que tenga la oportunidad de atormentar a mi esposa, Sonja. Me gusta eso de Nate. Pero este año pasado, Dios comenzó a atormentar a Nate para que dejara su trabajo, se fuera de la ciudad y plantara piñas en Sierra Leona. Sí, ese es el país de África que acaba de experimentar el brote de ébola. Este es el mismo país que Dios está tratando de reconstruir en el otro lado del mundo. La gente necesita trabajos. Las familias devastadas necesitan esperanza.

Su esposa, Cindy, nunca antes había volado fuera del país. Después de todos los arreglos, y después de todas las oraciones, comenzó el viaje de Nebraska a África. Allí, Nate y Cindy ayudaron a los residentes locales a comenzar una granja de piña, trabajando con sus manos. Después de dos meses, se completaron cinco acres. Impresionado por el progreso e impresionado por Dios, la empresa manufacturera Dole ahora quiere cultivar esos cinco acres y llegar hasta cuarenta acres. Cuando Nate y Cindy regresaron a la familia de nuestra iglesia, tenían un montón de historias que contar acerca de cómo Dios seguía "apareciendo en su camino de fe". Cada "sí" conducía a más fe, a más energía y a más entusiasmo.

¿Tienes que hacer un viaje como este para ver a Dios empujar tu vida espiritual a un nivel superior? Yo no lo creo. Pero sé que tienes que dejar de decir que no y empezar a decir que sí a Dios. Los niños pequeños parecen aprender que "no" es una de las primeras palabras de su vocabulario; por lo general, viene justo después de la palabra "mamá", y desafortunadamente antes de la palabra "papá". Orgullosos y desafiantes, nuestros pequeños comienzan sus proclamas de autodeterminación mucho antes de la pubertad.

Si Dios te dice que des una ofrenda, y dices que sí, comenzarás a crecer. Si Dios se apoya en ti para servir, incluso sirviendo a estudiantes de escuela intermedia en el grupo de jóvenes, y dices que sí, comenzarás a estirarte. Si Dios te pide que escuches la historia de otra persona y su dolor, y lo haces, verás que aumentan tanto tu compasión como tus oraciones. Cuando el espíritu de Dios te pida que te reconcilies con alguien a quien has perjudicado, y dices que sí, comenzarás a reescribir años de malos hábitos y palabras descuidadas. Comenzarás intencionalmente a edificar a otros, en lugar de desgarrarlos cruelmente.

Cuando alguien dice "gracias" por permitir que Dios te use en su vida, no tendrá precio. Sentirás la sonrisa de Dios y estarás en camino de prosperar.

No es suficiente tan solo ser normal como cristiano. De hecho, el cristiano normal es un poco oxímoron. Se supone que debemos ser anormales. Deberíamos estar rebotando de las paredes por Jesús. Si no crecemos y progresamos, puede convertirse en una amenaza para la vida. Tu fe no debería permanecer en el mismo lugar como el peso de Cruz. El pronóstico eventualmente será similar: fracaso para prosperar conduciendo a una fe moribunda.

Además, no te compares con otra persona que no está creciendo. Como pastor, no puedo contar la cantidad de veces que he escuchado a alguien compararse con un pariente o compañero de trabajo solo para liberarse del anzuelo. "Al menos yo no soy como mi hermana, Lisa". O bien, "puedo considerarme afortunado de estar más adelantado que Jeff en el trabajo". A veces creo que las peticiones de oración que hacemos son solo sobre otras personas cuyas vidas están peores que las nuestras, para sentirnos mejor acerca de nosotros mismos.

No busques buenos consejos de aquellos con mal carácter. A veces esto significa personas que han sentado en la iglesia durante siglos, pero nunca parecen disfrutar a Dios ni a su fe. Han tenido mucha práctica explicando los "no" de sus vidas. El consejo puede parecer prudente, pero está teñido de experiencia. No puedes esperar buenas palabras de una lengua que se engaña a sí misma. No puedes esperar buen fruto de un árbol malo. Esta no es mi opinión. Jesús dijo: "*Ningún árbol bueno da fruto malo; tampoco da buen fruto el árbol malo*".[2]

Solo puedo llevar dos cosas a la próxima vida: mis relaciones y mi personaje. Como dijo Martin Luther: "He tenido muchas cosas en mi mano y las he perdido todas, pero aún tengo las que he consagrado a Dios".[3] Mis relaciones son las personas que me acompañan y mi carácter es cómo he respondido y he crecido a través de mis experiencias. Encuentra personas cuyo carácter vale la pena seguir: sus consejos son lo que quieres escuchar.

UNA IGLESIA PROGRESIVA

A menudo tenemos frustraciones con la dinámica de nuestra iglesia. La razón por la que estamos frustrados es que todos tenemos en nuestro instinto una expectativa de que la vida de la iglesia modelará una relación próspera, pero con demasiada frecuencia la iglesia falla en progresar, como le ocurrió al pequeño Cruz. Las relaciones no crecen entre unos y otros, o con Dios, y eso nos decepciona.

Pero, ¿y si la iglesia realmente hizo lo correcto?

Hay dos ilustraciones principales que la Biblia usa para hablar sobre el pueblo de Dios. El primero es "los hijos de Dios", y el segundo es "la novia de Cristo". Ambos son relaciones familiares de salud, protección y devoción. ¿Hay malos ejemplos familiares por ahí? Sí. Yo viví en uno. Pero eso no significa que no valga la pena luchar por el ideal de una familia próspera.

Lo mismo es cierto para la iglesia. ¿Hay malos ejemplos de iglesias por ahí? Puedes asegurarlo. Pero eso no significa que no valga la pena luchar por el ideal de una iglesia próspera. Las relaciones progresivas y crecientes de la iglesia son un milagro menor en el mundo de hoy; cuando las personas ven tales relaciones, las encuentran atractivas. Muestra una fe innegable. Cuando una iglesia tiene una relación correcta con Dios, es algo hermoso.

Cuando una iglesia no está creciendo espiritualmente, no está progresando. Y cuando algo no está progresando, finalmente se está muriendo. El libro de Hebreos nos aconseja de esta manera: *"Preocupémonos los unos por los otros, a fin de estimularnos al amor y a las buenas obras"*.[4] Lo confesaré: no he tenido muchos modelos súper impresionantes a seguir. Muchos a los que he admirado me han decepcionado. Tal vez soy cínico, o quizá esto nos pasa a todos. Mucha gente parece estupenda hasta que los conoces bien.

Pero un hombre me ha impresionado continuamente, incluso cuando he aprendido a conocerlo mejor en su familia y en las relaciones de la iglesia. Cuanto más me acerco a él, más veo su influencia en la vida de las personas como en la mía. Phil era mi "jefe" en la iglesia.

Él era a la vez mi mentor y el hombre en autoridad sobre mí. Pero si le preguntas, él simplemente te dirá que era mi amigo.

Diferentes líderes tienen diferentes estilos. Pero Phil tenía algo que muchos líderes de la iglesia no tenían: su familia parecía disfrutarlo.

Conozco hombres que impresionan desde el principio en la plataforma, pero puedes sentir la falta de respeto y el resentimiento que provienen de sus hogares. Los maestros de la escuela dominical pueden contarte más sobre todos los miembros de la iglesia que cualquier otra persona. Los niños dejan que todo salga, ¿no?

Los hijos de Phil crecen con cónyuges e hijos propios. Los dos hijos crecidos de Phil hacen lo que yo quiero que mis hijos hagan cuando crezcan. Todavía se reúnen con su padre a pesar de que miles de millas y docenas de estados los separan el uno del otro.

El hijo de Phil es un comandante de los *Marines* de los Estados Unidos. Es un poco más joven que yo, pero ha viajado mucho y tiene una capacidad impresionante. Solo el mejor de los mejores pilotos de helicópteros tiene la oportunidad de formar parte de un equipo encargado de pilotar el *Marine One*. Bromeo con él llamándolo un chófer sobrevalorado, pero en verdad no hay bromas al respecto. El hijo de Phil puede hacer cosas que la mayoría de nosotros soñaríamos.

Sin embargo, año tras año, este hijo se toma un tiempo libre para disfrutar de unas vacaciones o cazar con su padre. ¿Cómo construyes el tipo de relación duradera con un hijo que cuando está en sus cuarenta años, a él todavía le atrae pasar el rato con su padre?

No lo sabía, pero quería aprender. Entonces, elegí acercarme a Phil. Quería estar lo suficientemente cerca como para aprender sus hábitos y sus lecciones, y así podría repetir el resultado que quería ver realizado en mi propia vida.

Por supuesto, he aprendido otras cosas de Phil en el camino. Phil sabe cómo resolver conflictos. La iglesia es un lugar para refinar realmente esta habilidad. Phil simplemente desafía a las personas preguntándoles si están contentos con ser parte del problema o si estarían mejor como parte de la solución. Su paciencia y su carácter ayudan a las personas a confiar en él mientras deja que Dios lo use para sacar a las personas y las iglesias de sus problemas.

Otro de los secretos de Phil es la humildad. Él no parece tomar muchas cosas personalmente, ni pierde el aire caliente en llenar el globo de su ego. También recuerda legítimamente los nombres de todos: su cerebro es como una computadora llena de información sobre las personas. Ora por ellos y constantemente saluda a todos con el título que me ha dado: "amigo". A diferencia de mí, todo sobre él desarma a los demás.

Creo que Dios tenía muchas razones para poner a Phil en mi vida. ¿De qué otro modo un entrenador de lucha libre, desaliñado, independiente, perfeccionista como yo, aprendería habilidades y actitudes pastorales reales? La lección más importante que aprendí de Phil aún sigue. Es una oración que él me enseñó que ha transformado mi vida: "Dios, no me importa lo que hoy la gente piense de mí, pero me importa lo que piensen de tu hijo debido a mí. Amén".

Esa oración ha cambiado todo. Quizá haga lo mismo por ti.

LO INNEGABLE

Seguimos orando y orando por el pequeño Cruz, que tenía fallo en progresar. Fue difícil pedir y no ver una respuesta, pero seguimos dándole a Dios espacio para moverse mientras oramos. Nuestras oraciones tenían el mismo motivo que el que Phil me enseñó: incluso si la gente nos menospreciaba porque nuestras oraciones parecían no tener respuesta, al final nos importaba lo que la gente pensara de Jesús debido a nosotros y el pequeño Cruz.

Un día después de que cientos de personas habían estado orando por ellos, Nick y Kristi estaban en la sala de espera del hospital de niños después de un día de pruebas. Un médico se les acercó y les dijo: "No sé qué decir, pero ahora todas sus pruebas son normales. ¡No podemos encontrar nada malo con él!". Alabaron a Dios por esta sorprendente noticia, asombrados por la respuesta a todas las oraciones. Debido a su condición, Cruz todavía no podía pararse solo en ese punto. Después de que el doctor les contara las noticias milagrosas en la sala de espera, fueron a gestionar el alta del hospital, como lo hubiera hecho cualquiera de nosotros. Mientras lo hacían, Cruz se levantó por primera vez, allí mismo. Era como si Dios estuviera confirmando el milagro justo ante sus ojos.

El otro día vi a Cruz. Me llamó la atención lo articulado que es. Él puede formar grandes oraciones para su edad. También me encantó ver su energía. Estaba rebotando en las paredes, un niño de dos años totalmente normal, e incluso me pregunté si él podría ser *demasiado* enérgico. Cruz sobrevivió. No. Ahora que lo pienso, él progresó. Él es lo que llaman un milagro andante. Aunque a mí mismo me gusta pensar en Cruz como un milagro que rebota en las paredes.

Cuando Dios aparece, nuestra fe se explica de una manera que no podrían explicarlo ni un argumento, ni un libro, ni un ruego razonado. A menudo digo que no solo quiero una fe que sea *defendible*, sino una fe que sea *innegable*. Cuando veo al pequeño Cruz rebotando en las paredes debido a los guerreros de oración que acudieron a Dios en busca de una respuesta, veo otro ejemplo del poder innegable que Dios tiene para cambiar vidas.

Pero Dios no tan solo tiene el poder de mover cuerpos atrofiados por estancamiento del crecimiento. ¡Él también tiene el poder de mover fe atrofiada!

13

REINOS PEQUEÑOS

¿Pueden Dios y la política mezclarse?

Donde yo vivo, en el extremo suroeste de Nebraska, nunca estás lejos de los granjeros. Toda nuestra economía y la forma de vida está influenciada no solo por nuestro pasado agrícola, sino también por nuestro presente y futuro agrícola. Mientras escribo esto, es tiempo de cosecha.

Si no estás familiarizado con los agricultores, te debería poner al día. En la mayoría de las ocupaciones, debes ser bueno en un puñado de habilidades, pero un agricultor debe ser bueno en docenas de habilidades, un hombre de los mil usos cumpliendo muchos roles diferentes a tiempo parcial: contable, mecánico, empresario, agrónomo, jardinero, vendedor, planificador estratégico, inversor y meteorólogo. Los agricultores deben ser buenos en todas estas cosas solo para *sobrevivir*.

El agricultor de papa con el que trabajo tiene más de ochenta personas trabajando para él durante la cosecha. El agricultor debe pensar como un rey por el alcance de las decisiones que toma. El equipo que compra, los servicios y las reparaciones, a veces son más costosas y complicadas que un Maserati. Una vez mi teléfono sonó un sábado por la mañana a las seis y cuarto. Los sábados son días excepcionales en los que puedo dormir. Como muchos pastores bi-vocacionales, el número de mi oficina es el número de mi casa, así que me irritó recibir esta llamada tan temprano. Estaba algo aturdido, no completamente despierto, y había un granjero que me llamaba. Quería que esa mañana condujera dos horas y media a un sitio en otro estado para conocerlo, y quería que me saliera en ese momento. El hecho de que tenía que reunirme con otras personas esa mañana y terminar de preparar mi sermón no le importaba en absoluto. Decir que estaba ordenándome no comienza a describir cómo estaba actuando. Era como si él fuera un rey y yo fuera su súbdito recibiendo órdenes.

A pesar de lo irritante que esto fue, los granjeros adoptan esta actitud de realeza con honestidad. Ellos gobiernan su tierra, por lo que terminan pensando como reyes. Muchas cosas pueden salir mal, por lo que deben controlar lo que puedan. Lluvia, sequía, granizo, tormentas, precios de las materias primas, problemas con las semillas, problemas con los fertilizantes, plagas, insectos, enfermedades, reglamentaciones... la mayoría de estos están fuera de su control. Por lo tanto, un agricultor se para sobre veinte diferentes tambaleantes elementos al mismo tiempo, tratando de encontrar un equilibrio entre todos los factores fuera de control que compiten entre sí.

Al igual que los reyes, los agricultores son competitivos. Los granjeros comparan su reino con otros reinos. Si su fila de maíz no es tan recta como la de los otros muchachos, se dan cuenta, y si la suya es más recta, la sacan a colación. Rojo y verde significan mucho también (John Deere o Case), y les causan dolor a los otros reyes si eligen un equipo diferente. No dudan en empujarse en la cafetería al amanecer. Rastrean quién planta su semilla o quién la cosecha primero y mejor. En mi pueblo el agricultor que obtiene su cosecha primero se toma una foto y la publica en el periódico. Los agricultores alardearán y compararán sus fanegas por acre entre sí también. Así como los granjeros cuentan con fanegas, los gobernantes en todo momento cuentan los impuestos. Lo que nos lleva a los reyes romanos llamados Césares.

RENDIR A CÉSAR

Cuando no podían imputarle ningún crimen al infame mafioso Al Capone, simplemente siguieron el dinero. Y con algo de investigación de contabilidad, pudieron probar un crimen que derribó al gánster más notorio de todos los tiempos: la evasión de impuestos. Hay una razón por la que dicen que no hay nada seguro, sino la muerte y los impuestos. Así de poderosos son los impuestos: incluso derrotaron a Capone.

Si recibes una carta por correo del Servicio de Rentas Internas (IRS por sus siglas en inglés), apuesto a que abres esa carta con un poco de miedo. Podría ser una buena noticia, pero es más probable que no sea una buena noticia. Podría ser una auditoría. He sido auditado, y puedo decirte que prefiero pasar por casi cualquier procedimiento médico que por una auditoría. Si un auditor comienza a exigir ciertos papeles y tienes archivos llenos de papeles de años anteriores, debes buscarlos para obtener el recibo correcto. El poder que tiene el agente del IRS es muy grande: puede exigir todo tipo de cosas y multarte, sin mencionar que puede presentar cargos.

Miles de años antes de Al Capone, algunos líderes religiosos querían poner a prueba a Jesús y "atraparlo con sus palabras", por lo que decidieron intentar la cuestión de los impuestos.[1] Le preguntaron: *"Maestro, sabemos que eres un hombre íntegro y que enseñas el camino de Dios de acuerdo con la verdad. No te dejas influir por nadie porque no te fijas en las apariencias. Danos tu opinión: ¿Está permitido pagar impuestos al césar o no?".* [1]

La razón por la cual esta era una trampa, era porque de cualquier manera que Jesús respondiera, se metería en problemas. Si decía que no, no pagaba impuestos, entonces podría ser denunciado al gobierno romano por incitar a la gente a desafiar a César (el rey o emperador del mundo romano). Si él decía que sí, pagaba impuestos, entonces la gente estaría preocupada de que él estuviera de acuerdo con el malvado y perverso Imperio Romano que constantemente infringía sus derechos judíos.

Jesús lo vio y dijo: *"—¡Hipócritas! ¿Por qué me tienden trampas? Muéstrenme la moneda para el impuesto. Y se la enseñaron. —¿De quién son esta imagen y esta inscripción? —les preguntó".*

Fue una pregunta extraña. Todo el mundo sabía quién tenía el rostro en el denario, del mismo modo que tú sabes que Abraham Lincoln está en la moneda de un centavo, George Washington en la de 25 centavos, y Benjamín Franklin en un billete de cien dólares. Pero Jesús hizo la pregunta obvia porque quería que ellos dieran la respuesta obvia para hacer una observación. Me imagino que incluso podría haber estado sonriendo en este punto. Las mesas se viraron.

"De César", respondió la gente.

La siguiente línea de Jesús se ha vuelto algo famosa: *"Entonces denle al césar lo que es del césar y a Dios lo que es de Dios".* En la versión King James (inglés), si la traducimos directamente, dice: "Rindan entonces a César las cosas que son de César, y a Dios las cosas que son de Dios".

Jesús tuvo cuidado aquí para no caer en ninguna de las dos trampas, que a la vez son trampas para nosotros: no cayó en la trampa de dos males que hacen un bien, ni cayó en la trampa de la dependencia en la cultura que nos rodea.

BUSCA PAZ Y PROSPERIDAD EN EL EXILIO

Jesús le estaba diciendo a la gente: Sí, debes pagar tus impuestos. ¿Por qué? ¿Por qué Jesús les diría que apoyaran uno de los imperios más sangrientos y profanos de la historia? El pueblo judío vivía bajo el control de su sacrílego señor romano, que adoraba a los dioses paganos y obligaba a la gente a adorar a su César como un dios. Si piensas que tu presidente o primer ministro es malo, él o ella no se parecen en nada a un emperador romano.

El emperador Calígula es conocido por su desviación sexual: comenzó un burdel activo en su palacio, cometió incesto frecuente y violó mujeres a voluntad (y luego informó sobre la experiencia a los cónyuges de aquellas a quienes violaba).

El emperador Nerón fue más allá de toda creencia, matando cristianos y luego culpándolos por los incendios de Roma. Incluso asesinó a su esposa y a su madre.

El emperador Domiciano era un teórico de la conspiración paranoica, desarrolló nuevas formas de torturar judíos, filósofos y cristianos, y se sabía que había embarazado a su sobrina. Luego la obligó a tener un aborto, y como resultado ella murió.

De repente, el jefe de estado de tu país parece un poco más dócil en comparación, ¿estoy en lo cierto?

Entonces, ¿por qué Jesús nos dice que paguemos impuestos a este gobierno? Algunos líderes judíos preferían avivar el fuego de la insurrección. Pero Jesús les dijo que se sometieran a los impuestos que tenían que pagar. Lo que está sucediendo aquí es simplemente seguir los pasos de un pueblo que estaba acostumbrado al exilio. El pueblo judío había sido llevado al exilio en Babilonia durante cientos de años, y mientras avanzaban, Dios les dio una orden: *"Además, busquen el bienestar de la ciudad adonde los he deportado, y pidan al* Señor *por ella, porque el bienestar de ustedes depende del bienestar de la ciudad"*.[2]

Jesús les dijo que obedecieran a sus gobernantes, pagaran sus impuestos y otorgaran autoridad a los reinos menores del mundo: dar al César lo que es del César. Sabía que la moneda de su Reino era lo que más importaba al final, pero mientras tanto había una medida de paz y prosperidad que los reinos de este mundo podían proveer. Por malo que fuera el dominio romano, era mejor que muchas alternativas del día; la era se llamaba Pax Romana (paz romana) por una razón. A veces, cuando hay un tirano lo suficientemente grande a cargo, eso arrastra a todos los demás tiranos a la clandestinidad.

Jesús no cae en la trampa de la insurrección. Dos males no hacen un bien. Entonces, cuando el gobierno no es lo que debería ser, Jesús dice: "Sí, todavía paga tus impuestos".

CÉSAR NO ES EL VERDADERO SEÑOR

El segundo punto que observó Jesús, fue literalmente acerca del "otro lado de la moneda". La gente estaba pensando en impuestos, y en cambio él preguntó acerca de la "imagen tallada" en la moneda. También sutilmente recordó a todos que ellos están hechos a la imagen de Dios, y lo que es valioso es la circulación de la humanidad a su alrededor. Sugirió que ellos son de Dios, pero esta moneda tonta es de César. Y lo que Dios tiene es duradero. Sabemos esto.

Jesús también les recordó sutilmente que el denario mismo era una violación directa del segundo de los Diez Mandamientos. Son los mismos mandamientos que cuelgan hoy en las salas de los tribunales y los municipios de la ciudad; los mismos que no son respetados por los grupos que desprecian la integridad y la justicia que Dios les pide a su pueblo y a sus líderes. Ese mandamiento es una regla acerca de no usar imágenes con la intención de adorarlas. Al usar esta moneda y volverse dependientes de la cultura que los rodeaba, los líderes religiosos habían perdido su enfoque en la verdadera pureza de su religión. Su dependencia de Dios había sido reemplazada por su nueva relación con César.

No tienes un denario en el bolsillo ahora mismo y alguno en el banco. Debes ir a una excavación arqueológica o a un museo para encontrar uno. De hecho, cuando llegaba otro César, tallaba su cara en la moneda y se deshacía de la anterior. Las monedas de los reinos mundanos son temporeras y pasan, tanto la lira del Imperio otomano como el dólar confederado.

La moneda que Jesús tenía en su mano tenía el rostro de César tallado de perfil. En la parte posterior, tenía una inscripción que decía "César es señor". Jesús también señalaba que estos judíos que intentaban atraparlo, se habían convertido en cómplices de un gobierno que adoraba a un simple hombre. Si bien Jesús no cayó en la trampa anterior de alentar la insurrección, tampoco dejó a sus oyentes desorientados, por estar tan atrapados en el régimen romano que perdieron sus distintivos.

Estos mismos hombres que pedían guía espiritual eran los mismos que ya estaban haciendo planes para usar soborno, reclutar falsos testigos, difundir noticias falsas y construir una turba que marchara por las calles de Jerusalén para amenazar al gobernador romano Pilato. Estos hombres no solo eran conscientes de las lagunas y la corrupción del gobierno de César, sino que también sabían cómo aprovechar todo. Eran tan corruptos como el gobierno, en todos los sentidos. Sus acciones demostraban a cuál reino habían cambiado su lealtad.

En solo un par de días, estos hombres preguntarían al gobernador romano si era un verdadero amigo de César o no. En este día, Jesús señaló que, a pesar de todo el atuendo religioso y la presunción, las vidas de estos líderes religiosos eran una farsa. ¿Eran verdaderos adoradores de Dios?

AGRICULTORES Y FARISEOS

Hoy demasiadas personas hacen lo mismo. Cepillan su ropa de domingo. Planchan sus camisas y pantalones. Peinan el cabello de sus hijos y se dirigen a la iglesia. Pero tan pronto como esas ropas se vuelven a colocar en sus armarios, su obligación con Dios se ha cumplido por completo en sus mentes. Luego vuelven a la vida que quieren vivir.

Llevar a Dios a casa contigo es la parte aterradora y el signo de la verdadera devoción. Él podría pedirte que te preocupes más por tu cónyuge. Podría mencionarte que seas un mejor ejemplo para tus hijos. Incluso podría acosarte para leer cuentos bíblicos a sus hijos antes de acostarse. Con Dios a tu alrededor, incluso se te puede pedir que censures tu lenguaje, tu entretenimiento o tu computadora. Es mucho más fácil escuchar a Dios durante el sermón de media hora que cambiar la vida ilimitada que vivimos cada minuto en casa.

¿Quién es tu señor? Los niños dirían que es... el que ven que mamá y papá siguen en casa. Y como de costumbre, darían justo en el blanco.

Tenemos aspiraciones, cosas que debemos hacer. Tenemos obligaciones que cumplir y cosas que comprar. Al igual que los agricultores, todos tenemos nuestros propios reinos para edificar. ¿Dios nos da la ventaja hoy, o el César nos da la ventaja? Al igual que los árbitros antes de un partido de fútbol, alguien tiene que tirar una moneda para ver quién se lleva el balón y quién tiene que jugar a la defensiva. La mayoría de las personas ni siquiera pueden decir en qué extremo del campo van a jugar hasta que la moneda toque el suelo. Pero pueden jugar de cualquier manera. Tienen mucha experiencia jugando a ambos lados de la pelota, la de Dios y la de César.

OTRAS ESCENAS

Este lanzamiento de moneda se reproduce a través de las Escrituras. Como seguidores de Jesús, podemos rendirle a César cuando corresponda, pero ahorramos y gastamos una moneda diferente del Reino. Cuando los enemigos del rey Josafat lo rodearon, supo que al final no era su reino o el reino lo que lo atacaba lo que importaba: *"Dios nuestro, ¿acaso no vas a dictar sentencia contra ellos? Nosotros no podemos oponernos a esa gran multitud que viene a atacarnos. ¡No sabemos qué hacer! ¡En ti hemos puesto nuestra esperanza! ".*[3]

Otra historia: aunque Sadrac, Mesac y Abednego habían trabajado y orado por la paz y la prosperidad del lugar donde fueron exiliados, les dijeron que se inclinaran ante una imagen de su nuevo emperador. Aunque arriesgaron todo e iban a ser arrojados a un horno de fuego, sabían que no podían rendir culto a César. Eso fue de Dios. Ellos resistieron. Y sus vidas fueron salvadas. Los ojos de un rey también se abrieron. ¿Quién más podría salvar de esa manera, incluso del poder y la autoridad del rey?

Y otra más: Daniel fue consejero del emperador en el exilio. Él no cambió el mundo por el cual el emperador ascendió al trono; no se distrajo por quién se eligió en qué temporada. En cambio, él sirvió para la paz y la prosperidad, y cuando fue perseguido por orar, siguió orando; incluso fue echado en una cueva de leones. A lo largo de su vida, su devoción a Dios le dio el favor y la habilidad que superaron con creces a cualquier otra persona en la sociedad carente de Dios a su alrededor. Dios hizo que Daniel se destacara. Cada rey promovió a Daniel en su corte y gobierno porque lo encontraron diez veces más capaz que cualquier otra persona entrenada para servir en el reino.[4]

La Biblia también muestra esto: cuando Jesús nos enseña a orar al Padre, es *"Venga tu reino. Hágase tu voluntad, como en el cielo, así también en la tierra"*.[5]

Finalmente, los últimos libros de la Biblia se hacen eco de esto: cuando Pablo quiso dejar en claro lo que Dios hizo por nosotros, habló sobre una transferencia similar a una moneda, diciendo: "Pues él nos rescató del reino de la oscuridad y nos trasladó al reino de su Hijo amado".[6]

TUS DOS REINOS

No importa dónde estés, puedes elegir a cuál de estos reinos dar tu vida. ¿A cuál te sometes, y a cuál haces tu mejor esfuerzo para influir? Importa cuál viene primero. Si tu corazón está obsesionado con el reino de César, o la elección de un presidente, o quién está a cargo de tu provincia o estado, y es más importante o urgente para ti que el Reino de Jesús, entonces has hecho una "imagen tallada" de estos gobernantes.

¿Qué pasa si haces una lista de las prioridades, las obligaciones, los sueños, los valores e incluso de los miembros de tu familia? Intenta incluir todo lo que te importa u ocupa espacio en tu día. Sé honesto. Sé lo más completo posible. Luego pídele a Dios que te ayude a hacer una evaluación precisa. ¿Cuál de estos le pertenece a Dios en su vida, y cuál de estos debería pertenecer a alguien más?

Así como mi esposa tiene que mover dinero de la cuenta de ahorros para cubrir la cuenta de cheques, tú también puedes hacer algunas transferencias. Algunas cosas podrían caber en ambas listas. Algunas cosas pueden caber en solo una. Pero la lista más larga puede darte una explicación honesta sobre cuál reino es lo primero en tu vida.

14

CAMBIAR DE LADOS

¿Estoy demasiado lejos para volver a Dios?
¿Cancela Dios a las personas?

Quiero hacer una pausa aquí y responder a las preguntas anteriores, preguntas que podrías tener. Tal vez tengas dudas en tu corazón y te preguntes si algo está mal contigo, como una falla dentro de ti que te hace diferente o irresoluble. Puedes pensar que estás demasiado lejos, que has hecho algo o continúas haciendo algo que significa que estás más allá del alcance de Dios.

Tal vez de donde vienes, no ves a nadie más levantándose y escapando. Los abusadores siguen abusando. Los borrachos siguen bebiendo. Los adictos siguen consumiendo substancias. Ellos enseñan a sus hijos. Los mismos ciclos continúan por generaciones. Quizás has sido parte del mismo tipo de malas decisiones durante tanto tiempo que has aprendido a enfrentar y a aceptar la vida tal como es.

Incluso si trataste de vivir de manera diferente, sabes que te enfrentarás a la oposición e incluso odiarás a aquellos en tu vida que no quieren el cambio. Entonces, en vez de eso, has saltado a la conclusión obvia: *Dios también debe estar en mi contra.*

Me tomo un momento para dejarte saber que si todavía estás leyendo esto, claramente Dios está tratando de hablarle a tu espíritu. Y Él te ve inclinado, mirando para ver qué podría tener Él para ti. No estás muy lejos. Dios no ha terminado contigo todavía. Él está allí contigo.

¿Suena bien? Ahora hablemos de cierta mujer que tenía sentido de la calle. Tal vez notes que la calle en la que vivía se parece mucho a la tuya.

UNA MUJER CONOCEDORA DE LA CALLE

Puede que no haya sido bien educada o rica, pero estaba conectada, experimentada y conocedora de la calle. La mayoría de las prostitutas lo son.

En algún punto, Rahab enfrentó una decisión que muchas mujeres en la historia han enfrentado, cuando no pueden llegar a fin de mes y llegan al final de su cuerda. En ese punto, venden lo único que les queda de valor económico: sus cuerpos. Esta mujer estaba acostumbrada a la vida en su ciudad natal de Jericó. Puede que no fuera de clase alta, pero conocía gente de todas las clases.

Ella conocía al ejército y la policía. Conocía a los funcionarios del gobierno, al panadero y al carpintero. Ella conocía a los sacerdotes del templo, quizá mejor que todos, porque la venta de sexo no se limitaba al barrio rojo de su ciudad. El nombre Jericó proviene de la palabra "luna". Estas personas adoraban a un panteón de dioses, el principal entre ellos, el dios de la luna, y los actos sexuales con una prostituta se consideraban un acto de adoración. La gente pagaba al templo y a mujeres como Rahab por estos servicios. En la retorcida economía religiosa y sexual de este tiempo, esto se consideraba una ganancia para todos: el beneficiario llega a sentir que está adorando a la deidad mientras busca placer, el templo obtiene su parte, y la esclava sexual puede comer. Rahab vivía en una casa construida contra la pared de Jericó. Al igual que otros sin muchos recursos, las personas encontraban que tenía sentido en esos días construir un hogar con solo tres lados, ya que el muro formaba el cuarto lado.[1]

Toda la ciudad de Jericó había estado vigilando sus murallas ante las multitudes que venían del pueblo hebreo. Estaban bien preparados. La primavera les había traído abundante lluvia para almacenar como agua potable, y habían recogido la cosecha, así es que tenían provisiones para cuando los cercaran.[2] Jericó estaba listo para la guerra, y harían lo que muchas ciudades hicieron en ese día: esperar al enemigo. Si pudieran sobrevivir detrás de sus paredes durante meses, o incluso años, el enemigo tendría que irse eventualmente.[3] Era la estrategia principal del día y la razón por la cual personas como Rahab vivían en las grandes ciudades de esa región.

Sin embargo, este enemigo era un poco diferente. Para empezar, ¡había tantos de ellos! Cientos de miles de hebreos descendieron sobre su región como langostas. Pero esta estrategia también podría ser un problema para los hebreos. La cosecha ya había sido tomada, por lo que no habría mucho para alimentar a su horda.

Había mucho que temer, sin embargo, ya que los hebreos ya tenían una reputación de despachar enemigos con una fuerza casi cósmica. Dos grandes reinos ya habían caído ante ellos. Y ahora estaban haciendo algo muy extraño. En lugar de construir máquinas de asedio o excavar bajo sus muros, los hebreos marchaban alrededor de sus muros como si estuvieran en un desfile festivo. Dios usa diferentes tácticas en los ejércitos y reyes de este mundo. La gente de Jericó se burlaba de ellos desde sus muros; se supone que el desfile viniera después de la batalla, no antes.

Pero el equipo contrario había venido a la ciudad, y todos lo estaban evaluando. He estado en ese modo antes, evaluando la oposición. Me pasó en un partido de fútbol.

EL OTRO EQUIPO

Nuestro equipo de fútbol de la escuela secundaria Imperial había sido un gran competidor, pero no necesariamente campeón. Durante veinte años, había visto lo bien que lo hacían, pero no lo suficiente como para ganar campeonatos. Pero un año las cosas comenzaron a hacer clic en un nivel más alto, tenía esa sensación especial que solo conoces una vez que has estado allí. Puedes imaginar que tener un equipo de fútbol en los playoffs es algo muy importante en una ciudad donde la escuela primaria, la escuela intermedia y la escuela secundaria están todas alojadas en el mismo edificio.

Uno de mis amigos pastores vive en Atkinson, Nebraska, y yo había ido a visitarlo ese mismo año. Resultó que el equipo de fútbol de su hijo también estaba teniendo un año muy bueno, así que también llegaron a los playoffs. Ambos nos preguntamos qué tan lejos llegarían nuestros equipos. Resulta que se encontraron cara a cara en la primera ronda de los playoffs. Una de las temporadas de nuestro equipo iba a terminar abruptamente, de una forma u otra. Puedes imaginar las provocaciones y los nervios entre mi amigo y yo. Pero yo tenía la ventaja. Nosotros éramos el equipo de casa; jugar en nuestra casa no iba a ser un paseo por el parque.

Medí su equipo. Eran impresionantes, seguros, mucho más grandes que nuestros niños. Era tarde en nuestras frescas llanuras del norte de otoño, y el vapor surgía del otro equipo después de sus calentamientos. Se mantuvieron al margen y resoplaron con la niebla en el frío como toros enjaulados. Era un grupo aterrador.

Nuestros muchachos estaban un poco ansiosos por los primeros golpes. Pero aunque nuestro equipo no tenía el tamaño que tenía el equipo contrario, teníamos velocidad. Sería una competencia entre dos filosofías.

Después de la patada de salida, obtuvimos el balón y el equipo se agachó allí en la línea, listo para caminar la pelota. Desde mi lugar en las gradas pude ver la fila de nuestros guardalíneas defensivos y los de ellos. En cada posición, el otro equipo nos superaba. Estaban burbujeando de energía, de puntillas, y listos para rodar sobre nosotros. Pero nuestros jugadores también estaban de puntillas. En ese momento de la temporada, nuestros Longhorns de la ciudad natal, se estaban acostumbrando a vencer a oponentes de mayor tamaño. Y luego llegaron los gritos de nuestro contrincante, que retrocedió fuera de la línea con la pelota, justo cuando varios de sus grandes guardalíneas defensivos comenzaron a empujar.

Luego vino un traspaso a nuestro defensa, un tipo más bajo como yo, que corrió a toda velocidad en la refriega. De alguna manera, nuestros hombres de línea ofensivos habían empujado el ímpetu de los hombres más grandes a los lugares correctos, y nuestro corredor se escurrió por el agujero creado. Los apoyadores grandes convergieron para una gran entrada, pero fueron demasiado lentos, y luego el defensa evadió a los seguridades también. Corrió, corrió y corrió, dejándolos en el polvo.

¡Aterrizaje!

Nuestro lado estalló en alegría sorprendida. Marcamos en una jugada en el medio. Nuestros muchachos eran buenos, pero no eran geniales, ¿verdad?

Ese día lo fueron. La velocidad superó el tamaño durante toda la noche. Cuando la noche casi había terminado, incluimos a nuestros jugadores de tercera fila, y aún lo hicieron bien, pero permitieron que el otro equipo obtuviera algunos puntos en el tablero. Mientras los hombres enormes del otro equipo se enfurruñaban hacia los casilleros, alcé la vista hacia las luces del tablero de instrumentos que apuntaban contra el oscuro cielo de Nebraska y vi el puntaje del estallido, por delante por más de cincuenta puntos. Los habíamos aplastado.

No importa cuán grande seas, no puedes atacar lo que no puedes atrapar.

EN EL LADO PERDEDOR

Durante el medio tiempo, miré hacia las otras gradas, donde las porristas estaban sentadas envueltas en abrigos y mantas, y los estudiantes habían guardado sus grandes letreros proclamando su dominación, que ahora eran solo recordatorios de exceso de confianza fuera de lugar. Los padres se acurrucaron entre ellos, contemplando la pérdida de la noche al final de la temporada y el viaje duro, largo y silencioso hasta el otro extremo del estado.

Ellos querían estar desesperadamente en nuestros zapatos, y pude sentir lo que se sentiría estar en sus zapatos, en parte debido a mi amigo pastor sentado en el otro lado. Es una sensación horrible: perder tan mal.

¿Sabes una cosa que nunca sucede en estas situaciones? Nadie cruza al otro lado, se quita la camiseta de su equipo y cambia de lado para animar al oponente. No importa cuán mal le vaya a tu equipo, no cambias de equipo. Puedes perder diez juegos seguidos y planear traer una bolsa de papel para poner sobre tu cabeza en la octava entrada o en el último cuarto o el tercer período porque sabes que tus muchachos van a seguir apestando, pero lo que no debes hacer es llevar la camiseta del otro equipo para cambiar en caso de que las cosas vayan mal. Esa es una falta de lealtad. Eso es ir en tren. Eso no es un verdadero fanático, ¿verdad?

Rahab hizo lo que muy pocos otros pensarían hacer: cambió de equipo. Ella dejó caer su jersey Jericó en la paja y caminó hacia los hebreos. Cuando unos pocos espías hebreos aparecieron en su puerta, ella no los reportó a las autoridades que conocía tan bien; ella se puso del lado del oponente y los ayudó. ¿Por qué?

Por cuatro razones:

1. **Ella sabía que esto era más que un juego.** Este no era un simple juego de deportes. No había pelota, árbitro o marcador. Esta era una cuestión eterna. Dios estuvo involucrado. *"Yo sé que el Señor y Dios es Dios de dioses tanto en el cielo como en la tierra", le dijo a los espías.*[4] Ella sabía que el dios de estos hebreos era *el* Dios del cielo, que era real en la tierra. Ella no traicionó al dios de la luna de Jericó; en primer lugar no había tal dios para traicionar. Ella iba de la nada a *algo*, y de nadie a *Alguien*.

2. **Ella sabía que el equipo de Jericó no se preocupaba por ella.** El equipo de Jericó la había usado y abusado de ella. Fue traficada para propósitos que ayudaron a todos a su alrededor, mientras que solo le daban lo suficiente como para seguir adelante, atrapándola hasta el día en que ella envejecería y se volvería prescindible. Al examinar su situación, sabía que el otro equipo le brindaría más esperanza que el equipo donde estaba. Se dio cuenta de que hacer lo mismo una y otra vez y esperar resultados diferentes es la definición de locura, por lo que se cambió las camisetas.

3. **Ella sabía lo que Dios ya había hecho por el otro equipo.** Las obras de la Palabra de Dios les habían llegado: *"Tenemos noticias de cómo el* Señor *secó las aguas del Mar Rojo para que ustedes pasaran, después de haber salido de Egipto",* [5] dijo ella, y luego enlistó a los muchos enemigos que Dios había derrotado por ellos. Debido a esta confesión de Rahab, descubrimos los verdaderos corazones de la gente de Jericó: no tienen confianza mientras se burlan detrás de sus paredes. De hecho, están aterrorizados. *"Estamos aterrorizados, -informó Rahab- todos los habitantes del país están muertos de miedo ante ustedes . . . Por eso estamos todos tan amedrentados y descorazonados frente a ustedes. Tenemos noticias de cómo el* Señor *secó las aguas del Mar Rojo para que ustedes pasaran, después de haber salido de Egipto. También hemos oído cómo destruyeron completamente a los reyes amorreos, Sijón y Og, al este del Jordán".* [6]

4. **Ella sabía el resultado del juego con anticipación.** Debido a lo que Dios había hecho, y su fe de que el Dios hebreo era

el verdadero Dios, ella les contó acerca de su fe: "—*Yo sé que el* Señor *les ha dado esta tierra*".[7]

En esta situación, lo único sabio es abandonar las gradas donde estás sentado y cambiar de equipo. No se trata de lealtad a tu equipo de origen; no se trata de ser fiel a los otros fanáticos; se trata de ser *inteligente*. Es solo honestidad. El equipo que se opone a Dios y a su gente no es digno de tu alianza. Ni siquiera es un verdadero equipo de todos modos; no sirve al verdadero Dios. Sus dioses falsos, su moral invertida y sus hábitos de autoconsumo han usado y abusado de ti y de los demás. Han esperado y te entrenaron para hacer lo mismo. ¿Realmente te han apreciado y han agregado valor a tu vida? No tiene sentido quedarse con ellos.

Rahab no hizo lo que muchos de nosotros estamos tentados a hacer. Es una naturaleza humana despedir a la gente y decir: "Estás muerto para mí". Pero se dio cuenta de que la naturaleza de Dios podía ser diferente de la de las personas con las que había vivido. Tal vez valía la pena correr el riesgo de ver si Dios le daría la oportunidad de vivir para Él. Tal vez podría ser valorada en lugar de ser usada. Después de todo, nadie está tan lejos como para no poder recurrir a Dios.

DIOS APARECE DE VERDAD

Entonces Rahab cambió de equipo y siguió las instrucciones de los espías: poner un cordón escarlata en su ventana para que su casa fuera designada cuando llegara el momento. Es bueno que ella cambiara de equipo. Dios apareció de nuevo como lo había hecho antes, y la profecía de la prostituta se hizo realidad.

Después de que los hebreos marcharon alrededor de Jericó por séptima vez, después de siete días seguidos de marcha una vez al día, tocaron las trompetas y Dios se instaló. Las paredes temblaron y se derrumbaron. Los arqueólogos encontraron no solo paredes desmoronadas allí, sino también una sección que no cayó. Muchos piensan que esto se debe a un único cordón escarlata colgado de una ventana.

Rahab sobrevivió y se unió al otro equipo. Cuando ella cruzó, cambió de equipo con confianza y se comprometió completamente. Se casó con un hebreo y levantó una familia.

Hay una historia que sigue a la historia de Rahab en la Biblia. Una extranjera se estableció en las tierras de Israel. Su nombre era Ruth, de Moab. Trabajó en los campos recogiendo sobras para ayudarla a ella y a su madre a sobrevivir, ya que ambas eran viudas. Eran pobres y, como la mayoría de los pobres, eran desconocidas, no amadas e inadvertidas.

Pero un hombre llamado Booz se dio cuenta de Ruth. Él la valoró y se aseguró de que ella tuviera suficiente para comer. Incluso comenzó a enamorarse de ella. Después de un proceso legal requerido por su cultura, se convirtió en el "pariente-redentor" de ella, un pariente lejano que podía redimir la línea de su familia. Se casaron y tuvieron hijos. Booz era el hijo de Rahab. No es de extrañar que Booz pudiera mirar a una mujer marginada y ver el valor: fue criado por la prostituta más importante de la historia.

Esa es una gran historia, pero no termina allí. Esa prostituta, Rahab, se convirtió en la bisabuela del Rey David, y está enlistada en Mateo 1 en el linaje de Jesucristo mismo. En el Nuevo Testamento

Rahab se clasifica como un héroe de la fe junto con algunas otras figuras importantes como Abraham y Moisés.

Dios no solo permite que la gente venga a él de todo tipo de pasados turbios y vidas endurecidas, sino que los perdona y los acoge. Incluso los coloca en su lista de honor.

EL FINAL... DE TI MISMO

¿Cuánto de Dios necesito en mi vida?
¿No puedo tan solo tener una "pequeña" religión en mí?

M e he familiarizado con un chico llamado Perry Natarelli a través de un ministerio en Buffalo, Nueva York. Cuando ves a Natarelli y lo escuchas hablar, te impresiona lo que Dios ha hecho en él, y también puedes ver lo que un verdadero individuo de tipo mafioso de verdad, ve y habla. Cuando hablo con él y veo su cuello, que parece más grueso que su cabeza, me alegro de no haberlo encontrado en un callejón oscuro antes de que Jesús lo encontrara.

Desde una edad temprana, Natarelli se involucró en las drogas y el crimen organizado. Su padre ya estaba involucrado en este trabajo y Natarelli sintió que creció en el "negocio familiar". Terminó vendiendo drogas en la década de 1980, y descubrió que debido a que las drogas estaban allí, era fácil seguir haciéndolo.

Él debería haber muerto más veces de las que puede contar. Pero él dice que Dios no lo dejaba morir; seguía dándole oportunidades para responder a su gracia. Natarelli tuvo ataques cardíacos masivos. Su pulmón colapsó media docena de veces. Este es el tipo de cosas que le sucede a tu cuerpo cuando nunca pierdes un día de consumir drogas en veinticinco años. Estaba tan desastroso físicamente en un momento dado, que estaba en soporte vital, y su madre, estando recostada a su lado, oró para que Dios la tomara en lugar de él.

El 20 de abril de 1996, a las ocho y catorce de la tarde, Natarelli vino a Cristo a la edad de treinta y ocho años. Él dice de la experiencia: "No busqué a Jesús, él vino a buscarme".[1] En ese momento, Dios redimió a alguien que se había rebelado contra él durante décadas, alguien culpable de crímenes contra otros, que había destruido su propio cuerpo en el proceso.

Dios hace probable lo imposible.

El libro de Apocalipsis habla de los santos en el Cielo, diciendo: *"Ellos lo han vencido por medio de la sangre del Cordero y por el testimonio que dieron. Y no amaron tanto la vida como para tenerle miedo a la muerte"*.[2] Esta Escritura me habla de vidas como las de Natarelli. Su testimonio es algo que derrota al enemigo. Algunas veces la gente llega al final de sí misma y se vuelve hacia Dios, como lo hizo Natarelli. Es como si el extremo de su pecado y la profundidad de su rebelión los convirtieran: han caído tan bajo que no pueden ir más profundo. Al igual que Saulo en Hechos, la conversión es tan dramática que incluso la iglesia tiene problemas para creer que Dios lo ha hecho.

Charles Spurgeon lo expresó de esta manera: "Tengo una gran necesidad de Cristo. Tengo un gran Cristo para mi necesidad". Jesús es tan grande que puede tomar las grandes necesidades que tenemos y ponerlas sobre sus hombros, haciéndonos fuertes en nuestra debilidad. Como dice en 2 Corintios: *"Mi gracia es todo lo que necesitas;*

mi poder actúa mejor en la debilidad". [3] Algunos de nosotros llegamos al final de nosotros mismos. Tocamos fondo. Admiramos a aquellos que regresan de este abismo y vienen a Cristo, aquellos que han aprendido a soltarse a sí mismos y confiar en Dios. Pero todos podemos hacer esto, y no tenemos que tocar fondo primero. Podemos tomar nuestra cruz. Podemos negarnos a nosotros mismos. No se necesita adicción para llegar al final de ti mismo. No se necesita tragedia. Se necesita fe y confianza en Dios. Pasamos de negociar con Dios a rendirnos a él.

El egoísmo debe superarse, y entonces Dios te dirá: "El final tuyo no es mi final". Cuando estaba en el final de mí mismo y me preocupaba la vida de mi hijo, sentí que Dios decía: "Soy Dios y tú no, y ese es mi hijo. Tú tan solo lo estás cuidando por mí".

APOSTAR A DIOS

No soy un apostador, pero entiendo la simple idea de apostador. Imagínate esto: tiro una moneda y te pido que la llames cara o cruz. Si llamas a la cara y sale cara, entonces ganas un auto nuevo. Si llamas a la cara y sale cruz, entonces no consigues el auto, y debes pagarme cien dólares. La ventaja de llamar a la cara es enorme aquí, obviamente. ¡Pero nadie va a lanzar monedas contigo de esta manera!

Si llamas a cruz, y sale cara, entonces mantienes tus cien dólares, pero te quito el auto. De las cuatro opciones en la apuesta, si llamas cara y sale cruz, te doy cien dólares y has duplicado tu dinero a doscientos. Esta es la lógica detrás de la filosofía de "apuesta" de Blaise Pascal en la fe. Es una manera de pensar sobre la fe en términos del beneficio práctico. Como dijo Pascal: "Dios es, o no es".[4] Solo hay dos lados de esta moneda en particular. Pascal dice que la moneda ya está volteando, y el tiempo es corto para elegir tu apuesta. "Debes apostar", dice. "No es opcional." Pascal hace las apuestas aún más severas que las que hice arriba: "Si ganas, ganas todo; si pierdes, no pierdes nada. Apuesta, entonces, sin dudarlo, que Él es… hay una eternidad de vida y felicidad a ganar".

Creo que hay razones mucho mejores para elegir la fe que solo esto. En realidad, esta apuesta es simplemente una forma simplista de elegir creer que existe algún dios (no necesariamente el Dios del cielo). Pascal fue un matemático brillante que vivió hace cuatrocientos años, y su pensamiento fue revolucionario para su época, pero no es por eso que he elegido a Dios. Sin embargo, creo que hay quienes llegan al final de sí mismos y que tienen muy poco que perder, y piensan en esta apuesta en Dios. Pueden sentir dentro de ellos la vuelta de la moneda, y eligen a Dios.

¿Has llegado al final de ti mismo? ¿Estás cerca de tocar fondo? O quizás has tocado fondo antes, o conoces a alguien que sí lo haya hecho. Creo que tiene mucho sentido apostar tu vida a Dios cuando no tienes otras opciones ante ti. La realidad es que a aquellos que tocan fondo se les da el don de saber lo que todos negamos. Creemos que somos autosuficientes, creemos que lo estamos haciendo bien… pero todos hemos tocado fondo en nuestro pecado y, a largo plazo, todos dependemos de Dios para todo, lo sepamos o no. En cierto sentido, las más sabias de las personas en el salón son aquellas que han llegado al final de sí mismas. Miran hacia abajo y afuera, pero están más cerca de la verdad de Dios que el resto de nosotros. El primero será el último, y el último será el primero, Jesús nos lo dijo.

DIOS NO ES TU COPILOTO

Cuando tocas fondo, tú no decides que Dios se una a tu equipo. No piensas en agregar a Dios a tu vida. Le entregas tu vida a Dios en completa rendición. Creo que es por eso que las conversiones como la de Natarelli son tan dramáticas. Dios llena una vasija vacía tanto más que aquellos de nosotros que quisiéramos tan solo un 10 por ciento de Dios en nuestras vidas. Terminan viviendo más poderosamente que el resto de nosotros.

No me importa lo que diga la pegatina, Dios no es tu copiloto. . . Tú no le das *permiso* a Dios; tú le das el *control*. Esa es la invitación que él te ha dado. La canción de Carrie Underwood es más precisa que la experiencia de conversión real, porque cuando estás fuera de control dices: "Jesús, toma el volante", no "Jesús, ¿podrías tomar el mapa y darme consejos como mi copiloto?". Tenemos tan poco poder porque solo le damos permiso a Dios en nuestras vidas hasta el punto en que Dios nos ofende de alguna manera. Queremos a Dios en nuestras vidas, pero no le permitimos que se haga cargo de nuestras vidas.

Parte de esto se debe a que hemos creído la mentira que dice: "Si dejo que Dios haga lo que quiera con mi vida, me hará hacer algo que odio". Mi amigo Phil llama a esto la mentira más grande del mundo que hoy hace el mayor daño. He encontrado repetidamente que si bien Dios puede darte algo que es difícil y requiere estiramiento, la realidad es que cuando confías en Dios, descubres que amas seguirlo, incluso en los tiempos de estiramiento. Nada es más satisfactorio que rendir tu vida a Dios. No creas en la gran mentira de que Dios hará que tu vida sea apagada, aburrida e insatisfactoria. En verdad, Dios trae emoción, visión y realización.

¿CUÁN COMPLETO?

Una cosa que la gente se pregunta a veces es por qué los tipos religiosos hablan de Dios en términos tan extremos. Es fácil pensar que alguien como yo está haciendo una montaña de un grano de arena. "¿No puedo tener solo un poco de esto en mi vida?". «¿Por qué parece que tengo que estar entregado por completo en las cosas de Jesús?". «¿No puedo ir a la iglesia de vez en cuando, y estar bien?».

Escucho esas preguntas, y creo que son legítimas. Acepto que a veces los cristianos pueden sonar un poco fanáticos. Tal vez estamos formulando la pregunta equivocada. No estoy tratando de convencerte de que seas una persona extrema. Solo quiero hacerte una pregunta: ¿Qué tan completo quieres ser?

Hay una gran palabra hebrea que se usa a menudo como saludo, por lo que es posible que ya la hayas escuchado antes. La palabra es *shalom*. La mayoría de la gente habla de que significa "paz", pero otro de sus significados es "integridad". Cualquiera que haya escuchado la historia de la Navidad sabe de los ángeles que dicen que el nacimiento de Jesús traería "paz a la tierra". Estamos propensos a pensar que esto significa "no guerra". Pero para ti, significa que trae shalom a tu vida. Él trae *integridad*. Lo que sea que esté roto en tu espíritu, él lo completa nuevamente. Cuando la vida se rompe en un millón de pedazos, él puede poner las cosas juntas de nuevo y poner sentido al desorden.

¿La vida seguirá siendo desordenada? Por supuesto. Pero comienza a tener sentido y a encajar, así que tu mente no queda destrozada.

Te pido que no seas extremo, te pregunto qué quieres. ¿Qué tan completo quieres ser? El cincuenta por ciento completo no me parece muy completo. Jesús lo quiere todo, porque quiere que todos ustedes estén completos.

YO ERA _____, AHORA YO _____

Jesús sanó a un hombre ciego de nacimiento en Juan 9. Estaba tocando fondo y no tenía nada más que hacer que rogar por su pan. Dios tomó a este tipo que había estado al final de sí mismo durante décadas, desde que nació, de hecho, y lo cambió todo para él. Desató un gran debate con los líderes religiosos de la época, quienes presentaron al hombre ante ellos como un testigo de la corte. Le preguntaron todo sobre el hombre que lo sanó, tratando de hacer que el hombre dijera que Jesús era un pecador. Él no sabía muy bien qué decir, así que simplemente dijo: *"—Si es pecador, no lo sé —respondió el hombre—. Lo único que sé es que yo era ciego y ahora veo!"*[5]

Me encanta el testimonio simple de este hombre, y me encanta cómo el testimonio de una vida cambió, como el de Perry Natarelli, demuestra el punto del poder de Dios. En lugar de ser un tema de conversación, es una señal de que Dios realmente cambia vidas. Tal vez no eres un ex miembro del crimen organizado que vende drogas, o no eres una persona que nació ciega y ahora ves, pero quizás Dios ya te ha cambiado de alguna manera. ¿Eres capaz de dar un testimonio de eso?

Es divertido decirlo de la misma manera que el hombre ciego nacido en Juan 9. Él dijo: *"Estaba ciego, ahora veo"*. ¿Puedes rellenar los espacios en blanco de la misma manera? "Yo era_____, ahora yo_____". Si le hicieras a grupos de personas esta misma pregunta, podrían dar un testimonio de la gracia cambiante de Dios en una variedad de formas. Aquí hay algunas de sus respuestas:

- Era un ladrón, ahora doy.
- Estaba físicamente roto, ahora estoy sano.
- Me estaba debilitando, ahora estoy realizado.
- Era implacable, ahora perdono.
- Estaba confundido, ahora tengo un propósito.
- Era crítico, ahora soy comprensivo.
- Era arrogante, ahora soy humilde.
- Era rechazado y triste, ahora soy aceptado y feliz.
- Era inseguro, ahora tengo una identidad.
- Era temeroso, ahora soy audaz.
- Estaba solo, ahora soy amado.
- Era inadecuado, ahora tengo valía.
- Me estaba escapando, ahora estoy en casa.
- Era religioso, ahora estoy salvado.
- Estaba preocupado, ahora confío en Dios.
- Tenía miedo, ahora estoy en paz.
- Era adicto, ahora soy libre.
- Estaba roto y deprimido, ahora tengo gozo.
- Era impulsado por mí mismo, ahora soy dirigido por el Espíritu.
- Estaba avergonzado, ahora estoy orgulloso.
- Era engañado hacia el pecado, ahora estoy perdonado y libre.
- Estaba culpando a otros, ahora asumo la responsabilidad.
- Estaba en la oscuridad, ahora estoy en la luz.
- Estaba vacío, ahora estoy siendo lleno.
- Estaba atado. Ahora soy libre. [6]

¿Alguno de ellos describe tu historia? Si es así, enciérralo en un círculo. Si no, completa estos espacios en blanco para ti:

Yo era_____, ahora yo_____

_____

16

GUARDAR LA ESPALDA DE DIOS RESPECTO A LA VERDAD

¿Realmente Dios necesita que hable con otros sobre él?

Hace algunos años, cuando recién salía de la universidad y solo tenía que afeitarme una vez al mes, me convertí en pastor de jóvenes.

Este trabajo significaba que todos los adolescentes en la iglesia eran mi "congregación", y como casi todos los jóvenes pastores descubren, la verdadera clave es conectarse con los chicos en las escuelas secundarias.

Como mencioné, aquí en Imperial, las escuelas secundaria, intermedia y elemental están todas en el mismo edificio. Cuando era pastor de jóvenes, estaba en una ciudad bastante grande con siete escuelas diferentes para visitar, así que trabajé duro para conectarme con los chicos de esas escuelas y salté todos los obstáculos para ser un visitante oficial de ellas. Una cosa sobre la que tenía que ser intencional era relacionarme con las adolescentes de manera apropiada. Descubrí que lo mejor que podía hacer era ir a la escuela secundaria durante la hora del almuerzo e ir a la cafetería como visitante. Las chicas de mi grupo de jóvenes me invitaban a comer en su mesa, y luego invitaban a sus amigos a comer con nosotros. Funcionó bien porque era un lugar seguro y público para conocerse. Una vez visité la escuela de Tina, y su comedor era la zona de guerra del drama adolescente.

No sé cómo era el comedor cuando eras un niño, pero siempre encontré que el almuerzo era un momento brutal para separar a la escuela en grupos que se atormentaban unos a otros. Algunos se burlan de cómo tratamos de proteger a los niños en estos días, pero creo que la mayoría de nosotros nos damos cuenta de que las cosas fueron demasiado lejos con el acoso y las burlas.

En la cafetería de Tina, había una mesa de chicos "cool" en un lugar, y luego había una mesa en la esquina donde todos los niños marginados se sentaban. Incluía a las personas con discapacidades, algunas con problemas de aprendizaje y otros tipos de niños que podrías suponer que estarían allí. La mesa de los chicos "cool" se burlaba y gritaba a la otra mesa, incluso cuando yo estaba allí. Incluso al otro lado de la cafetería, cuando entraba, podía escuchar lo que estaba sucediendo y me molestaba. Fui allí para conectarme con una chica de mi grupo juvenil, Debbie, que estaba en esa mesa de parias.

Debbie nació con síndrome de Down, y tuvo problemas en la escuela, pero en nuestro grupo de jóvenes ella era una presencia maravillosa cada semana. Ella se paraba al frente en el tiempo de adoración, levantaba las manos y cantaba a Jesús con todos sus pulmones. Era algo hermoso de ver, e inspiraba a todo nuestro grupo a adorar de manera más significativa.

Me senté en la mesa de Debbie junto a ella y comencé a conversar con sus amigas. Fue asombroso para mí escuchar las burlas y el trato de los que estaban en la mesa mientras pasaban los chicos "cool", incluyendo las miradas que les daban a estos estudiantes con problemas. Estaba sentado allí, entre ellos, empezando a darme cuenta de lo que podría ser si fuera uno de ellos, mientras miraba el mundo de la cafetería a través de sus ojos por un momento. Otros estudiantes comenzaron a atacarme, insultarme y llamarme de ciertas maneras también, ya que estaba sentado con ellos. Como adulto, crees que puedes manejar estas cosas, pero la cultura de ese salón era tan dolorosa que incluso me arrastraron a ella.

Tina iba a la misma escuela que Debbie, pero la vida de Tina era bastante diferente. Mientras que los padres de Debbie eran cristianos fuertes en mi iglesia, la vida hogareña de Tina era mucho más inestable. Conocí a Tina antes de que viniera a mi grupo juvenil porque vivía en nuestra calle. Ella se dio cuenta de que yo quitaba el papel de baño esparcido en mis árboles de vez en cuando (sí, esa es una de las desventajas de ser un pastor de jóvenes: los chicos piensan que es gracioso envolver los árboles en papel de baño de vez en cuando). Una vez que descubrió que yo era un pastor de jóvenes, la invité a venir, y asistió consistentemente al grupo de jóvenes durante aproximadamente un mes. Cada semana, ella veía a Debbie allí adorando en el frente, y llegó a conocerla.

PELEA ESCOLAR

Aproximadamente dos meses después de haber visto por primera vez la división de comedores en la escuela de Debbie, volví a visitarla. Esta vez iba tarde, así que los niños ya no estaban en la cafetería. Doblé la esquina entre dos edificios desde donde los hicos caminaban, y encontré una escena fea, pero familiar. Era una pelea, como te puedes imaginar de tus días de escuela. Todos los chicos estaban en una multitud y gritaban cosas a los luchadores. Me detuve en seco, sin saber muy bien qué hacer. No había maestros alrededor. ¿Debería detener la pelea? ¿Debo gritar algo? ¿Qué pasaba si ellos no me escuchaban? Me abrí paso entre la multitud de chicos y finalmente subí al círculo interior despejado para la pelea. Eran dos adolescentes, ya en el suelo, que se tiraban del pelo y se golpeaban mutuamente.

Me metí y comencé a separarlos. Mientras lo hacía, me di cuenta de que la chica que parecía estar ganando la pelea era familiar; debajo del pelo sudoroso estaba Tina, de mi calle y grupo juvenil.

Las separé y luego me calmé, y la multitud, ahora sin nada que observar, se dispersó. Mientras trataba de sacar de Tina lo que estaba sucediendo, noté otra cara familiar en los escalones cerca de una entrada. Era Debbie, y ella también estaba llorando. Finalmente descubrí lo que estaba sucediendo. . . la chica con la que Tina estaba peleando había estado atacando a Debbie continuamente, molestándola. La chica no dejaba tranquila a Debbie.

Tina habló: "Le dije que si no dejaba quieta a Debbie yo iba a pelear con ella". Aparentemente, Debbie incluso le debía algo de dinero a la niña, y Tina había llegado incluso a pagar esa deuda, y la niña todavía no lo dejaba en paz. Entonces Tina luchó contra ella para defender a Debbie.

Estaba en un lugar difícil. Se supone que los pastores de jóvenes no deberían animar a sus chicos a pelear, pero yo estaba dividido entre meter a Tina en problemas y chocar arriba los cinco dedos.

¿Tina se estaba comportando de la manera perfecta en defensa de Debbie? No, pero te digo algo, para alguien que era tan joven en su fe, ella seguramente tenía un buen sentido de la justicia y defendía al débil. Ella defendió a su nueva amiga con necesidades especiales del grupo de jóvenes, cuando fue atacada por una acosadora.

DEFENDER A JESÚS

Debido a la película sobre mi familia, de vez en cuando termino en algunas conversaciones extrañas con personas que no encontraría en casa. Una vez estuve en una cena con una mujer que sin rodeos me dijo que no estaba de acuerdo con lo que estábamos haciendo. Ella específicamente se opuso a la forma en que mi hijo hablaba con tanta confianza sobre sus experiencias, especialmente cuando involucraban lo que una persona tenía que hacer para ser salvo e ir al cielo. Ella prefería un margen de maniobra más espiritual en estas interpretaciones.

Le expliqué que lo único que hacía mi hijo era defender a su amigo, Jesús, como un niño pequeño podría imaginarlo. Cuando otros ponen en duda la verdad acerca de Jesús, a quien mi hijo conoce, entonces va a defenderlo, es lo correcto. ¿No quieres que alguien lo haga por ti? Si alguien dice algo falso acerca de ti a tus espaldas, te gustaría que un amigo te defendiera.

Se han dicho muchas cosas negativas sobre nuestra familia, pero aun más dolorosas son las veces en que las personas que pensamos que eran amigas no nos defienden. Dios se siente de la misma manera. Él quiere que defendamos su verdad cuando otros la contradicen. A veces solo necesitamos tener agallas como Tina y defender lo correcto. Incluso si no nos peleamos por ello, al menos podemos usar nuestras palabras para asegurarnos de que Dios no sea culpado inapropiadamente, o que la verdad de Jesucristo no sea distorsionada.

DEFENDER LA VERDAD

¿Cómo debemos defender la verdad? Bueno, es nuestro trabajo hacerlo si somos creyentes. El apóstol Pedro nos dijo que «*Estén siempre preparados para responder a todo el que les pida razón de la esperanza que hay en ustedes*". Si no trabajamos un poco para estar preparados, entonces no estamos listos para guardar la espalda de Dios con respecto a la verdad. Por supuesto, es fácil exagerar esta defensa; es nuestro trabajo defenderla, pero no es nuestro trabajo atacar a los que atacan a Dios. Es por eso que Pedro continuó, diciendo: *". . . háganlo con delicadeza y respeto".* [1]

Si bien es el trabajo de cada cristiano, se espera que los líderes cristianos estén preparados para defender la verdad. El apóstol Pablo describió parte de su trabajo como *"defendiendo y confirmando"* el mensaje de Jesucristo.[2] Él requirió que los líderes en la iglesia deben *"...apegarse a la palabra fiel, según la enseñanza que recibió, de modo que también pueda exhortar a otros con la sana doctrina y refutar a los que se opongan".*[3] Si bien es posible hacer esto respetuosamente, no debemos dar marcha atrás en guardar la espalda de Dios.

No se trata de tener todas las respuestas o hablar con elocuencia. He visto a mi propio hijo Colton hacer esto cuando apenas era un adolescente, en el tiempo que salió nuestra película. Nos reservaron para ir a uno de los programas de radio más populares durante solo doce o quince minutos. El famoso presentador comenzó a hablar con nosotros como adultos, y se dio cuenta de que Colton estaba un poco aburrido (lo cual era cierto). Entonces le hizo una pregunta a Colton, y él respondió directamente.

El anfitrión estaba tan interesado en cómo este chico solo dijo lo que pensaba acerca de su fe en Jesús, que pasó una hora hablando con Colton. Los productores fueron apresurándose en el fondo tratando de cancelar o reprogramar a otras personas después de nosotros.

Luego fuimos a un importante programa de noticias en televisión en horario de máxima audiencia. El anfitrión lucía un saco deportivo y corbata por encima de la mesa y pantalones cortos cómodos debajo de ella. Estaba jugando con una pelota de fútbol para entretener a todos durante los descansos comerciales. La entrevista fue muy directa, con preguntas abiertas. En un momento, preguntó: "Entonces, Colton, ¿crees que todo el mundo va al cielo?". Todo podría haber salido mal excepto por una respuesta amable, pero sincera, del preadolescente en el salón.

Vaya, ¿cómo te gustaría que te preguntaran eso en la televisión nacional cuando estabas en la escuela secundaria? Para ser sincero, me sorprendió un poco que el anfitrión le hubiera hecho una pregunta muy profunda a este chico, ¡hijo mío! Pero Colton ni siquiera se detuvo. Él dijo: "Um, no. No todos van al cielo. Lo que vi fue que todos allí amaban a Jesús. Dios realmente te ama, pero estamos demasiado apegados a las cosas en esta tierra, y no están permitidas en el Cielo. Pero una vez que amamos a Jesús y lo seguimos, es más fácil dejar ir esas cosas y podemos entrar en el Cielo".

He pensado mucho sobre estos temas y he escuchado a mucha gente tratar de responder esa pregunta de cientos de maneras. Hasta el día de hoy, no creo haber escuchado una mejor respuesta, y vino de un niño. Ya ves: Dios no está buscando que parezcas inteligente ante quienes hacen preguntas difíciles, o que incluso las ataques; él solo está buscando que le guardes la espalda a la verdad, con tu fe simple y confiada. No seas grosero; sé respetuoso y amable. Pero quédate enamorado de lo que sabes.

CAMBIO DE COMEDOR

Aproximadamente un mes después de la pelea en el patio de la escuela, visité nuevamente la escuela de Debbie y Tina para almorzar. Noté que algo había cambiado en el comedor. Los chicos "cool" todavía estaban sentados en la misma mesa, pero las chicas fuertes de la mesa de Tina al otro lado de la habitación, se habían movido. Ahora estaban sentadas con los chicos con necesidades especiales y marginados en su esquina. Noté que nadie los insultaba ni le daban a la mesa miradas extrañas. Había un nuevo sheriff en el comedor con su grupo: era Tina, del grupo juvenil.

17

RETENER LA CURA

¿No puedo mantener mi fe como un asunto privado?

La BBC lo llamó "el hombre más odiado de América" y nació apropiadamente el Día de los Inocentes en 1983.[1]

Creció en Brooklyn, Nueva York, mostrándose inteligente y ambicioso, convirtiéndose en multimillonario antes de los treinta años. Se volvió tan odiado que comenzó a subastar en Twitter los derechos a golpearlo en la cara para recaudar fondos para el hijo sobreviviente de cáncer de su amigo fallecido.[2] El nombre de nuestro villano es Martin Shkreli.

Shkreli es el infame CEO de la compañía que aumentó desmesuradamente los precios de Daraprim, un medicamento de la lista de medicamentos esenciales de la Organización Mundial de la Salud. ¿Por qué? Daraprim contrarresta la toxoplasmosis, una infección que es particularmente amenazante para las mujeres embarazadas, las personas con sistemas inmunes debilitados y los ancianos. Causa convulsiones, ceguera, defectos de nacimiento en bebés de madres infectadas y, en algunos casos, la muerte.

Una vez que obtuvo los derechos de Daraprim, Shkreli elevó el precio en el medicamente 5.000 por ciento, de $ 13.50 a $ 750. Ese precio es solo por una tableta: $ 750 por píldora.[3] Podía hacerlo porque no había competencia para Daraprim, y mientras otros podían hacerlo también, hubieran tenido que pasar por un largo proceso de aprobación en la Administración Federal de Alimentos y Drogas (FDA por sus siglas en inglés).

Esto significaba que muchos ya no podían pagar la droga y no tenían otras opciones. Esto tenía sentido comercial para Shkreli, porque incluso si solo uno de cada veinte continuaba comprando el medicamento (solo los clientes más ricos, por supuesto), triplicaría sus ganancias de la noche a la mañana. Fue arrestado por alegaciones de fraude de valores en 2015, está bajo fianza de cinco millones de dólares y, a partir de ahora, está esperando juicio, pasando su tiempo manejando y molestando, burlándose de las masas que lo odian en las redes sociales, de alguna manera disfrutando de las esquinas oscuras fundidas en las candilejas de los medios.

Justamente despreciamos a Shkreli por hacer que lo que salva vidas sea inalcanzable para la mayoría. Sin embargo, a menudo no pensamos sobre lo que retenemos que salva vidas para la eternidad.

ESCONDER LA CURA

El mensaje transformador de vida que tenemos en Jesucristo salva vidas. Si bien Daraprim es una droga importante, no salva a nadie por la eternidad. Consideramos a Shkreli responsable de poner el precio de Daraprim fuera del alcance de la mayoría, pero ¿para cuántos hemos puesto el mensaje de Jesús fuera del alcance? Retenemos la cura de Jesucristo, que hace que todas las cosas sean nuevas en esta vida y en la próxima: "*Y el que estaba sentado en el trono dijo: «¡Miren, hago nuevas todas las cosas!».*[4] Nuestra perspectiva cambiaría drásticamente si consideráramos que retenemos la cura de aquellos que la necesitan.

Retenemos la cura cuando nos presentamos tan "soy más santo que tú", que quienes están lejos de Dios piensan que no serían bienvenidos a tener una conversación espiritual con nosotros.

Retenemos la cura cuando no escuchamos al Espíritu Santo en el momento que nos impulsa a comenzar una conversación sobre Jesús con alguien, y elegimos nuestra propia zona de confort antes que dejarlos escuchar acerca del amor que Jesús tiene por ellos y las cosas buenas que quiere hacer por sus vidas, sus familias y sus eternidades.

Retenemos la cura cuando nuestras iglesias se convierten en lugares que no aceptan a los marginados y a los desamparados, cuando la iglesia se convierte en un lugar para aquellos que lo tienen todo resuelto.

Retenemos la cura cuando elegimos limitar el mensaje de salvación de Jesucristo a tan solo aquellas personas que ya lo han escuchado, descuidando a los siete mil grupos de personas no alcanzadas alrededor del mundo que nunca han escuchado, y el millón de comunidades sin una iglesia local.[5]

Retenemos la cura cuando no proclamamos a Jesús en una situación desafiante, incluso con alguien que nos está atacando por nuestra fe. Recuerda que la Biblia tiene historias de aquellos que persiguieron a los fieles al principio. ¿A cuántos futuros grandes creyentes les negamos la cura al considerarlos como una causa perdida? Algunos comienzan como enemigos y terminan como nuestros mejores aliados. Nadie es una causa perdida en la causa de

Cristo para amar a los perdidos. Todas las personas le importan. Entonces, las personas necesitan importarnos.

Algunos defienden su retención diciendo que su fe es una cosa profundamente privada que no quieren forzar en otros. Esta no es una manera de ver tu fe, y ciertamente no concuerda con la forma en que Jesús habló sobre ella. El mensaje de Jesús que cambia tu vida es profundamente personal, pero nunca puede ser del todo privado. Esto no es como sus opiniones personales sobre política o entretenimiento, como confesar por quién votaste en la década de 1990 o qué estrella de cine es más atractiva para ti. De hecho, los ateos completos que realmente entienden la gravedad de lo que crees, pensarían que ellos no te importan si no compartiste a Jesús con ellos.

Hacemos todo tipo de cosas para celebrar a nuestras novias y novios cuando somos jóvenes. Una chica usará la chaqueta de letras de un chico, o el anillo de clase. Un chico pondrá la foto de una chica en su casillero, o se tatuará su nombre. Marcamos el progreso de una relación al cambiar nuestro estado en las redes sociales como "en una relación" con alguien. Siempre me parece extraño que celebremos públicamente nuestra fecha de graduación, pero que no celebremos nuestra relación con Jesús. Si has decidido hacer de Jesús tu Señor y Salvador, entonces tiene sentido estar públicamente agradecido.

UN DESTELLO DEL PASADO

He sido capellán de bomberos en el estado de Nebraska desde 2002. Debido a esto, termino viajando por todo el estado para diversas funciones. A veces son difíciles, como un funeral para un bombero que murió en la línea de servicio. En otras ocasiones, puedo hacer cosas bastante interesantes y viajar a todo tipo de lugares. He estado en banquetes donde hemos honrado al personal de bomberos por sus sacrificios. A veces me entreno para hacer cosas que normalmente nunca podría hacer debido al rol. Y lo mejor de todo es que he preparado altavoces y un escenario, y he hablado acerca de Jesús en todas partes, ya que tengo esa plataforma como capellán de bomberos para comunicarme en estos entornos.

De vez en cuando tenemos lo que se llama escuela de fuego: los bomberos vienen de todo el estado a un solo lugar para entrenamiento. Por supuesto, también es para algunos una de las mejores oportunidades de comer informalmente detrás de las camionetas estacionadas. De donde vengo, tener una barbacoa significa niños, hamburguesas y mucha y mucha cerveza. Aunque no bebo, disfruto la conversación y la oportunidad de establecer relaciones en estos entornos.

En una escuela de bomberos, el estacionamiento estaba lleno de autos. Supongo que es más exacto decir que estaba lleno de camionetas. Las compuertas traseras estaban abiertas y todos salían a divertirse. Y yo estaba allí, conectándome con la gente. Los tipos con los que estaba saben que no soy solo un típico bombero, sino también el capellán.

Muy pronto, una bombera se tambaleó hacia nosotros. Estaba claramente borracha. Por alguna razón, ella caminó justo en frente de todos nosotros y me miró a los ojos, y luego levantó su camisa para que todos la vieran desnuda.

Como se imaginarán, este no era el tipo de saludo que solía tener en mi trabajo. Todo el grupo de nosotros estaba aturdido, pero luego todos los otros muchachos alrededor de mí, sabiendo que esta era una experiencia extraña para mí como pastor, rompieron a reír.

Crecí con este dicho: "Si no puedes decir nada agradable, no digas nada en absoluto". Así que, simplemente me quedé allí y no dije nada. Sin palabras. En este punto, la mujer registró el hecho de que los muchachos me estaban haciendo pasar un mal rato, y entonces ella me miró y se dio cuenta: «¡Oh, no, tú eres el capellán!»

Se detuvo un momento y dijo: "Oh, bueno".

Mientras reían histéricamente, uno de los bomberos le dijo al grupo: "Es la única vez que recordamos que el Reverendo Burpo se calla y no dice nada" (a mí no me gusta mucho, estos tipos me llaman "Reverendo").

Dos años más tarde, estábamos en otra reunión estatal y sucedió que hubo un terrible incendio local. Todos los bomberos voluntarios se fueron para responder. Con una arquitectura antigua y no una pared de fuego para impedir las llamas, el fuego se movió rápidamente de un negocio a otro. Una cuadra entera de la ciudad se quemó hasta el suelo esa noche. Nuestra convención de incendios se detuvo debido a la tragedia. Otros departamentos llegaron desde millas de distancia para tomar turnos.

Mis hijos, que tenían solo seis y nueve años en ese momento, estaban conmigo para cantar en el escenario. No pude ir al incendio porque los estaba cuidando. Así que nos dirigimos a una estación de bomberos local para pasar el rato. Mis niños rápidamente comenzaron a jugar en una mesa de futbolín.

El edificio estaba mayormente vacío. Mientras los niños jugaban, una mujer entró en la sala de juegos y comenzó a caminar hacia mí.

No lo podía creer; ¡ella era la misma dama de dos años atrás en la fiesta donde se había levantado la camisa!

Pensé, *Oh, no, espero que esto no sea una repetición.* En mi mente, le estaba diciendo, *ves a mis hijos aquí mismo; espero que no hayas bebido demasiado.*

Se sentó junto a mí y de la nada dijo: "Reverendo, ¿puedo hablar con usted?".

PASAR LA CURA

La mujer, entonces, se abrió acerca de las dificultades de su vida y lo que estaba pasando. Sintió que su familia se derrumbaba y confesó varias luchas con las relaciones.

Ahora, en mi cabeza, estaba pensando que esto había salido de la nada. Estaba preocupado por lo que estaba pasando. Es decir, no es frecuente que la primera vez que conozcas a alguien, la vea en *topless*, y luego, la segunda vez, le hablas de cosas espirituales. Pero esa fue la forma en que resultó esta. Reflexioné sobre el hecho de que podría haberle dicho tantas cosas dos años antes, ya fuera para humillarla o para ayudarme a sentirme mejor acerca de lo humillado que me sentí de estar allí con todos los chicos burlándose de mí. Estoy tan contento de no haber hecho nada, porque la hubiera alejado del mensaje de Jesús.

Tuve que hablar con ella durante mucho tiempo sobre cómo Dios puede hacer una diferencia en tus elecciones y relaciones. Oré con ella y pasamos casi una hora juntos en la estación de bomberos con mis hijos jugando cerca. Ella oró para que Dios se hiciera cargo de su vida y entrara en comunión con otros creyentes para poder crecer espiritualmente. Ella estaba de camino hacia la cura.

CAMINA POR AQUÍ

Cuando vives para Dios y caminas con Dios, tienes muchas oportunidades para hablar de Dios sin ser ofensivo. Si eres positivo y levantas personas y no estás tratando de llamar la atención para ti, empiezas a reunir personas a tu alrededor. Se dan cuenta de que tu actitud es diferente y tienes la oportunidad de compartir a Jesús con ellos.

Comienza de manera simple: ofreciendo ayuda, sirviendo a las personas y comenzando a orar por ellas. Luego empiezan a compartir sus preocupaciones. Si preguntas si puedes orar por ellos, ellos quieren que lo hagas, incluso si aún no lo creen. Ellos respetan lo que haces. Pueden ver que tienes esperanza y ellos no. Sí, ven tu fe, pero a menudo necesitas romper el hielo, y luego comienzas a compartir por qué eres diferente. No eres mejor que ellos, solo tienes a Jesús en tu vida. Como dije antes, estás *mejor*, pero no *mejor que*, debido a alguna virtud propia, simplemente por la gracia de Dios que has recibido.

Debo señalar que una cosa que puedes encontrar al hablar con personas que están lejos de Dios, es que algunas personas odian a las personas positivas: la vida las irrita, por lo que evitar a quienes tienen esperanza es a veces el enfoque de quienes no tienen esperanza. Si solo te rodeas de otras personas sin esperanza, eso no te hace cuestionar tu enfoque de la vida. Simplemente piensas que todos son como tú. Pero una persona llena de esperanza cambia la dinámica, y a veces esto es difícil de soportar para los que no tienen esperanza. Su propia vulnerabilidad se ve comprometida cuando suspendes su incredulidad de que la esperanza es posible.

COMPARTE TU PERICIA

En cualquier caso, prepárate para ofrecer la cura a aquellos que están en necesidad. Mientras que Martin Shkreli es uno de los hombres más odiados en América, la realidad es que retener la cura, el mensaje de Jesús, es algo mucho más ruin, con consecuencias eternas.

Todo el mundo es un experto en por lo menos una cosa: ellos mismos. Nadie sabe todas las respuestas a las preguntas de todos, o todas las Escrituras, para el caso. Pero todos son expertos en su propia experiencia. Tú sabes todo sobre ti. Si sabes que Dios ha hecho un cambio en tu vida, tienes algo para compartir con los demás.

También puedes comenzar la conversación sobre cosas que ustedes dos tienen en común. Jesús usó la pesca para iniciar la discusión con Pedro todo el tiempo. Luego, cuando estuvo bien, le pidió a Pedro que pusiera su bote en aguas más profundas. Creo que su Espíritu también le hará saber al tuyo cuándo es el momento adecuado para salir a aguas más profundas.

18

HECHO EN LA PRÁCTICA

¿Qué hay de toda la dificultad y todo el dolor en mi vida?
¿Qué hace Dios acerca de eso?

La práctica no te hace perfecto, pero podría hacerte mejor que el oponente al que te enfrentas en el torneo del próximo sábado. Como luchador, cuando era joven traté de aplicar esto, y en los años que serví como entrenador de lucha libre, constantemente lo comuniqué a mis atletas. Es algo que todavía tengo que hacer con mi hijo Colton, que hoy es un luchador. Como deportista, ganas el partido en la práctica, no en el partido en sí. El partido es justo donde ejecutas aquello para lo que has entrenado a tu cuerpo.

Los campeones se hacen cuando las gradas están vacías.

Un luchador se centrará en la dieta, la carrera y el levantamiento, y eso es todo antes de que las prácticas comiencen; eso es lo que sucede fuera de temporada. Si un luchador va a ser un verdadero competidor, será más acerca de lo que hace para prepararse que de cómo se desempeña en el partido. El luchador que trata de vencerse a sí mismo en la práctica todos los días es siempre el más preparado antes de que comiencen los partidos de campeonato. Un luchador bien preparado ya estaba ganando atrás cuando nadie estaba mirando. Tu vida espiritual funciona de la misma manera.

ASPIRA A LA VICTORIA

Primero, aclaremos a qué aspiramos. En los deportes, no practicas mucho a menos que sepas por qué lo haces. Debes tener un objetivo. Si los atletas intentan llegar a los Juegos Olímpicos, entonces entrenan como personas que se dirigen a los Juegos Olímpicos. Si están tratando de perder veinticinco libras, entonces entrenan como personas que intentan perder peso.

¿A qué aspiras espiritualmente? Es importante saber esto. Como se ha dicho, si no aspiras a nada, siempre acertarás. ¿Estás aspirando a *nada* espiritualmente? ¿Esperas balancear en esta vida, suponiendo que al final todo saldrá bien?

Estoy aquí para decirte que hay más en la vida que eso. Hay más en la vida que solo aspirar al Cielo también. Debes saber esto: tú puedes tener la victoria. Puedes vencer al enemigo. Él no es tan impresionante. Él no tiene a Jesús en su esquina. Tú sí.

Escuché una historia acerca del evangelista Smith Wigglesworth: se despertó una noche en su cama y se volteó hacia la esquina para ver la sombría y temerosa visión de Satanás en la habitación, listo para hacer lo peor. Wigglesworth echó un vistazo a quien era y dijo en voz alta: "¡Oh, eres solo tú!" Luego se giró hacia la pared y se volvió a dormir.

¿No te encanta ese tipo de actitud espiritual? ¡Si todos entendiéramos que Satanás no tiene sobre nosotros el poder que no dejamos que él tenga! El nombre de Jesús es más poderoso que cualquier cosa que pueda arrojarse sobre nosotros.

Parte de la práctica es aclarar que quieres ganar, que deseas vencer al enemigo y obtener la victoria. Si sabes esto en tu alma: no solo quieres *sobrevivir* a la vida; quieres prosperar y quieres el poder de un Dios real para apoyarte y darte la victoria. Entonces estarás listo para la siguiente parte. Ganancias fáciles pueden venir. Pero las ganancias difíciles se obtienen en la práctica. Recuerda: Nadie obtiene una victoria en la práctica, pero ningún campeonato viene sin ella.

MÚSCULOS DE CARÁCTER

Al hablar de las dificultades que enfrentamos en la vida, la Biblia dice: "*. . . Ahora bien, sabemos que Dios dispone todas las cosas para el bien de quienes lo aman, los que han sido llamados de acuerdo con su propósito*".[1] No dice que *algunas cosas* obran para bien, o que *solo las cosas buenas* obran para bien. No. Dice "*todas las cosas*".

De alguna manera, Dios está usando la basura de la vida para hacerte mejor.

¿Cómo?

Piensa en tu personaje como los músculos que estás construyendo en tus experiencias. Ya sabes que esto es cierto de tus experiencias pasadas, ¿verdad? Ahora eres mejor en ciertas cosas de la vida debido a lo que has pasado. Lo que sufriste en *aquel entonces* es lo que te mejora *ahora mismo*. Entonces, ¿por qué no sería eso parte de lo que Dios está haciendo en ti ahora mismo en las experiencias y desafíos que enfrentas?

Aquellos que comienzan a hacer crecer verdaderamente su carácter desarrollan intencionalmente la habilidad de ver esto mirando al pasado, y también comienzan a sentirlo en el presente. Y el que más ha practicado espiritualmente entre nosotros desarrolla un carácter tan profundo que incluso miramos el futuro de esta manera, por lo que nos volvemos francamente valientes.

Cuando mi hijo Colton era solo un estudiante de primer año, estaba jugando durante la clase de música en un descanso y trepó a un árbol. La rama se rompió, él se cayó y se rompió el brazo. El maestro estaba furioso, en parte sin duda porque la clase de música no suele tener lesiones tan severas.

El yeso fue removido la semana posterior a las prácticas programadas. A nadie le sorprendió que su brazo estuviera sensible y débil. La mayoría de los luchadores admitirían que el primer año ya es bastante brutal con dos brazos buenos. El brazo izquierdo de Colton parecía casi la mitad del grosor del derecho. Luego, al año siguiente, se cortó su dedo índice izquierdo al comienzo de la temporada. La Sala de Emergencias diagnosticó mal la profundidad del corte. Lo cosieron. Le dije que esperara dos semanas y luego volviera a la lucha libre. Bueno, su dedo nunca volvió a funcionar. Resultó que sus tendones fueron cortados. Murieron en su mano y Colton luchó su segundo año con un solo brazo bueno otra vez.

Antes de su tercer año, Colton tuvo que someterse a dos cirugías para reconstruir su mano. Después de una cirugía, recuerdo abrazarlo mientras la enfermera halaba cuarenta y siete puntos de su palma y su dedo índice. Si alguna vez tenemos que hacer eso de nuevo, traeré a alguien más para ayudarme a mantenerlo en la mesa. Pero nuevamente, fue liberado de la terapia justo antes de que comenzara la temporada.

Al entrar en su cuarto año, Colton tuvo un problema porque su brazo izquierdo nunca había sido tan probado y fuerte como el derecho. Era su punto débil. Y esta era su única oportunidad de luchar en la escuela secundaria con dos brazos fuertes en lugar de uno.

Le advertí: "Hijo, no puedes reconstruir tres años de atrofia en tres semanas antes de que comience la temporada". Centrado en los levantamientos con mancuernas, trabajó duro y durante mucho tiempo fuera de temporada, para aumentar la aceleración y la fuerza en ambos brazos. El exceso de capacitación tuvo que compensar los años de subutilización.

Claro que yo quería que él tuviera un buen año. Después de años de pedirle a su padre que le permitiera dejarlo, ahora estaba trabajando duro para salir al frente. Completamente saludable, y con dos brazos fuertes, comenzó a tener éxito y a ganar partidos. Este año su enemigo no fueron las lesiones; fue la preparación. Pudo haber sido un verano agotador de pruebas en lugar de tiempo libre para nadar, pero lo hizo ser quien es, y creo que trabajó más duro que muchos otros para eso. Terminó ganando tres partidos por cada uno que perdió este año, terminando solo un lugar antes de la calificación para el torneo estatal en los distritos.

Esto es lo que Dios quiere hacer contigo. Insisto en este punto para los atletas: debes enfrentar la resistencia al peso para desarrollar músculo. Nadie se hizo más fuerte sin resistencia. Los músculos espirituales atrofiados deben enfrentar resistencia para crecer el carácter. Aquellos que han enfrentado más resistencia en la vida a menudo tienen un carácter más profundo. Aquellos que han experimentado más dolor tienen una mayor tolerancia al dolor. Han desarrollado esos músculos del carácter.

Es difícil encontrar a una persona en la Biblia que no haya tenido una temporada de pruebas de carácter como parte de su historia, donde Dios los forzó a desarrollar algunos músculos de carácter. Noé se enfrentó a la burla de su comunidad, que lo preparó para el solitario viaje de construir el Arca y luego comenzar una nueva comunidad después del diluvio. Jacob luchó bajo la sombra de su hermano y se abrió camino a través de la vida, solo para ser quebrantado por Dios para un propósito. José fue vendido como esclavo por sus propios hermanos, y luego traicionado por la esposa de su amo en Egipto, solo para ser olvidado por aquellos a quienes ayudó en la prisión. Todo esto lo preparó para ser un salvador durante la sequía no solo para su familia, sino también para toda la región.

Estos son tan solo algunos ejemplos notables en un solo libro de la Biblia, Génesis. Si profundizara en ese libro, o más adelante en los otros sesenta y cinco libros de la Biblia, veríamos ejemplos dondequiera, de Dios usando las experiencias de la gente, a menudo muy tristes y oscuras, para prepararlos para el futuro.

Reflejamos esto en nuestra televisión, películas y libros. Ningún héroe es un vencedor al principio. Instintivamente queremos verlos pasando por dificultades primero. El novelista Kurt Vonnegut nos contó este secreto por escrito cuando dijo: "No importa cuán dulces e inocentes sean sus principales personajes, hagan que cosas terribles les sucedan, para que el lector pueda ver de qué están hechos".[2] Esto nos funciona porque ya sabemos internamente que las dificultades son solo el prefacio de la victoria. Ese viaje no es solo "una historia"; es *la* historia de la vida para la cual Dios nos preparó. Sabemos que la práctica importa, y estamos construyendo carácter allí.

SENTARSE EN EL BANCO

Uno de los personajes más conocidos en las Escrituras es el Rey David. Pero lo interesante de David es que es ungido en 1 Samuel 16, y luego sigues leyendo y descubres que él no se convierte en rey en ningún otro lugar del resto de ese libro. Tienes que seguir leyendo en el segundo libro de Samuel para encontrarlo convirtiéndose en rey.

El hombre esperó veinte años para que eso se hiciera realidad, y él no lo forzó para que suceda; esperó a que Dios lo hiciera realidad. Él de alguna manera sabía que no estaba listo, y Dios le otorgaría la victoria cuando lo estuviera. Para cuando David estuvo realmente preparado para la victoria y el poder, lo ejerció con humildad. Tuvo que sentarse en el banco durante un largo tiempo antes de que Dios determinara que estaba listo. Eso es lo que Dios a menudo hace con nosotros. Esas temporadas construyen el músculo del carácter.

MIS SALAS DE PRÁCTICA

Déjame decirte cómo todo esto ha funcionado en mi vida. La realidad es que Dios me hizo servir en medio de la nada durante décadas sin recibir atención ni crédito por ello. Me siento como si hubiera estado en el punto de quiebre muchas veces, financiera, física, espiritual y emocionalmente. Creo que esas fueron épocas en las que Dios estaba forjando un carácter en mí para resistir lo que sucedería tan públicamente con *El cielo es real*.

Cuando lo piensas, tal vez fui la persona adecuada para que le ocurriera eso. Una de las dificultades de tener una película sobre tu familia es que de repente está en el ojo público. Pero todos los pastores, especialmente los de los pueblos pequeños, le dirán que sus familias ya viven siempre en una casa de cristal. Así que no fue el hecho de que estuviéramos bajo escrutinio, fue el alcance del escrutinio lo que cambió. Todas las luchas por las que pasé estaban solo construyendo el carácter para manejar esa atención sin perder nuestro enfoque en Cristo (o perder nuestras mentes en el proceso). Muchos no sobreviven a ese cambio. Pero Dios nos ayudó a través de eso. No sabía lo que vendría, pero Dios lo sabía. Él sabía los músculos del carácter que necesitábamos hacer crecer con anticipación.

Creo que algunas de las cosas más difíciles que enfrentamos fueron como práctica. Me di cuenta de que los verdaderos campeones se llevarán al límite en la práctica, y luego irán aún más lejos. ¿Por qué? ¿Están simplemente mal de la cabeza y les gusta? No. Es porque saben que un punto vendrá en el partido cuando serán empujados más allá de su límite, y quieren saber con anticipación cómo se siente. Quieren estar familiarizados con lo que pueden hacer cuando tienen un tanque vacío.

Hay una fascinación en la fama, una sensación de grandiosidad a la que es fácil sucumbir. Creo que Dios me protegió de gran parte de esto después de años de personas que me avergonzaron y me hicieron sentir que no valía nada. Comenzó en mi casa con mi padre, y luego continuó cuando me convertí en pastor bi-vocacional.

Algunos me dirían directamente a la cara: "Te estás desperdiciando con ser un pastor bi-vocacional. Eso es para las personas que no pueden hacer nada más". Tal vez la gente pensó que me estaban protegiendo, pero decir eso a cualquiera es simplemente horrible. No debemos devaluar a la gente así. Dios sabía que yo necesitaba seguir un camino que no estaba en el centro de atención, que no era "exitoso" ante muchos ojos, para que cuando tuviera éxito no se me subiera a la cabeza, y desconfiara de ese éxito y de la forma en que las personas me trataban de manera diferente sin una buena razón.

El dinero es parte de todo esto. Cuando llegué a Imperial por primera vez hace diecinueve años, me dieron solo 169 dólares a la semana. Debido a esto, les dije a los líderes de la iglesia que tendría que trabajar paralelamente. Nos mudamos a una casa que necesitaba mucho trabajo. Atrapé siete ratones en un día en esa casa no mucho después de que nos mudamos. La gente en la iglesia me decía: "¿Por qué amas tanto el dinero que no puedes vivir de lo que te damos?". ¿En serio? Estuvimos al borde de la bancarrota más de una vez, y las cuentas de salud de Colton vinieron encima de todo eso. En muchos sentidos, empeoró justo antes de que mejorara para nosotros, que es parte de la historia de *El cielo es real*, la historia de nuestras vidas.

Y entiende esto: es la historia de *tu vida* también. Dios está usando estas cosas, sea lo que sea, en *tu* vida, para prepararte para lo que viene después. No solo te hace pasar por eso para ver de qué estás hecho; él te deja pasar por esto para que *tú* puedas saber de qué estás hecho y qué puedes hacer en el futuro. Él no solo te ayudará a superarlo; él va a obrar a través de ti como nunca antes. Eso es lo que sucedió para mí. Dios preparó mi carácter en la sala de práctica de la vida. Él te preparará también.

TÚ NUNCA SABES

Al final, nunca se sabe lo que Dios está haciendo, y cómo él trae de vuelta lo que sucedió antes en tu vida para usarlo en el futuro. Tengo un colega y amigo llamado Randall Wallace a quien he llegado a respetar enormemente. Escribió los guiones para *Braveheart* y *Hacksaw Ridge*, escribió y dirigió *We Were Soldiers*, y dirigió la película

Secretariat. Él tiene un trabajo increíble en su haber. Lo interesante que aprendí de mi amigo Randall es que temprano en su vida fue al seminario y se sintió llamado a estudiar para el ministerio. Ese no fue el camino que tomó en su vida con el tiempo, pero siempre se preguntó qué lugar tenía eso en su futuro.

Trabajamos juntos en la película *El cielo es real*, que él escribió y dirigió con un toque tan talentoso, y con gran honor al material de origen, mi libro y la fuente detrás de la experiencia, Dios. Yo estaba tan impresionado con su capacidad para hacer algo que muchos dudaban que fuera posible en Hollywood: tratar mi historia con respeto, pero también crear una gran película.

En un momento, Randall y yo fuimos juntos a visitar el sitio de la tumba de su madre. Él me contó todo sobre su familia y sus días en el seminario. Él me contó sobre el dolor que enfrentó y cómo Dios parecía estar preparándolo todos estos años. A pesar de que había escrito *Braveheart*, una de las películas más icónicas de todos los tiempos, todavía quería algo más. Se volvió hacia mí y me dijo: "Todd, creo que esperé toda mi vida para escribir esta película, *El cielo es real*. Dejé el seminario para hacer este tipo de trabajo: usar películas para cambiar la vida de las personas. Ahora puedo hacerlo".

19

DIOS INCRIMINADO

*Si Dios es tan grande, ¿por qué no aplasta al mal
en este momento? ¿Por qué no interviene?*

Cuando hablo con una multitud, a menudo les pregunto si creen que Jesús tenía razón cuando dijo: *"En este mundo afrontarán aflicciones"*. [1] Sí, a todos los que he preguntado alguna vez, pensaron que Jesús tenía razón sobre eso. Tenemos algunos problemas en gran escala en este mundo.

Pero hubo otra ocasión en que Jesús habló de problemas... más específicamente, el final del problema. Jesús fue visto en una visión en un trono, descendiendo a la tierra, y dijo: *"Oí una fuerte voz que salía del trono y decía: «¡Miren, el hogar de Dios ahora está entre su pueblo! Él vivirá con ellos, y ellos serán su pueblo. Dios mismo estará con ellos. Él les secará toda lágrima de los ojos, y no habrá más muerte ni tristeza ni llanto ni dolor. Todas esas cosas ya no existirán más"*. Continúa con esta sorprendente frase:*«¡Miren, hago nuevas todas las cosas!»*. [2]

Eso suena genial para mí. Este mundo viene con muchos problemas, todos estamos de acuerdo. Pero llegará un día en que ya no habrá más lágrimas, y todas las cosas se renovarán.

Adondequiera que voy, encuentro que lo que más profundamente nos oprime, lo que nos hace desear ese día en que las lágrimas desaparezcan, tiene que ver con aquellos que más amamos. Nuestras grandes luchas están dentro de nuestras propias familias. Clamamos, gritamos por hijos en dolor o que se están alejando. Oramos por los padres que están enfermos o moribundos, o por los cónyuges que nos están lastimando.

Luchamos con la forma en que los más cercanos a nosotros sienten dolor o cómo nos causan dolor. Nos decepcionan, o los defraudamos. Aquí es donde "el caucho se encuentra con la carretera". Quiero hablar sobre una situación así.

SIN RESPUESTA

En mi pueblo había una mujer joven cuya familia estaba luchando. La llamaré Danielle. Ella oró y ayunó durante muchas semanas, pidiéndole a Dios que hiciera algo en su familia. Justo después de estas semanas de oración, el suegro de Danielle se metió en serios problemas, y se emitió una orden de arresto contra él. Mientras cumplían la orden, se produjo un tiroteo y la policía lo mató de un disparo. Además de este dolor, él disparó a un oficial de policía que estaba cumpliendo la orden. El oficial estuvo en cuidados intensivos durante semanas, apenas sobreviviendo.

Esto fue después de que muchos de nosotros hubiéramos orado mucho por la familia de Danielle. Ella (y esto no fue una sorpresa) fue la única mujer que oró y ayunó con la mayor determinación. Se recordó a sí misma cómo sus oraciones dolorosamente desesperadas habían funcionado antes. Las pruebas nos llegan a todos. Son plurales. No conozco a alguien que diga que ha tenido tan solo una prueba en su vida. Danielle tampoco podía decir eso.

Después de perder a un hijo por aborto espontáneo a las treinta semanas, el siguiente embarazo terminó tan solo en la semana
doce. Danielle estaba en un punto donde ella retrocedía en vez de
avanzar. Durante su siguiente embarazo, ella oró con más fervor y
poder como nunca antes se había comprometido a orar. Sus oraciones funcionaron. Llevó su hermoso hijo a término completo.

Pero, ¿qué pasó con las oraciones ofrecidas por su suegro? Ella no
podía ayunar cuando estaba embarazada por temor a poner en peligro al niño, pero esta vez sí pudo dar ese paso. Añadiendo ayuno
a su arsenal de oración ferviente, tuvo la fe para creer que Dios le
daría nuevamente la respuesta por la que estaba orando. Ella no
había estado orando por un tiroteo. ¿Qué salió mal?

¿Qué se supone que debemos hacer cuando esto suceda? Cuando
hacemos las cosas bien, honramos a Dios, y cosas como esta todavía
suceden, me llevan a preguntar: "¿Era mejor para mí no intentarlo
con tanta fuerza?". La falta de respuesta de Dios a veces se siente
como una bofetada en la cara.

La Biblia dice: "el que está en ustedes es más poderoso que el que
está en el mundo".[3] Significa que Dios es más grande que el enemigo. Pero a veces, como la respuesta aplastante de Danielle a sus
oraciones, empiezo a preguntarle a Dios por qué no prueba esa verdad un poco más a menudo. ¿Por qué su enemigo y el mío no están
dominados?

Entonces Dios me recuerda acerca de una diferencia sutil, pero poderosa, en algunas de mis "peticiones". Al igual que para Danielle,
es una diferencia que podría explicar una de nuestras mayores frustraciones en la oración. ¿Le estamos pidiendo a Dios que se mueva,
o le estamos pidiendo a Dios que haga mover a otra persona?

Marta le pidió a Jesús que moviera su hermana María. Ahora, antes de que te confundas, María era un nombre común en el primer siglo. Esta no era María, la madre de Jesús. Pero tanto María como Marta eran hermanas y amigas cercanas de Jesús. Tenían lo que la mayoría de la gente quiere de personas famosas de hoy: ¡acceso! Jesús estuvo tan involucrado en sus vidas, y sus vidas estuvieron tan involucradas con Jesús, que el Maestro invitó a grupos de personas a unirse a él en la casa de María y Marta para cenar y dar una lección espiritual.

Pero la cena se convirtió en el problema; todos los preparativos sin refrigeradores y microondas podrían ser desalentadores, especialmente cuando una casa se llena de repente con invitados inesperados. Ambas hermanas fueron necesarias para la cena, pero una eligió sentarse con los invitados en la sala principal y escuchar a Jesús, en lugar de dirigirse a la cocina para ayudar a su hermana.

Marta, la hermana, se enojó, y estuvo lo suficientemente enojada como para confrontar a Jesús al respecto. Puedes sentir la emoción en sus palabras cuando preguntó si a Jesús le importaba que estuviera sirviendo sola. Tú, probablemente, habrías dicho lo mismo: "Haz que venga a la cocina y me ayude a preparar esta comida". Si se tratara de tu hermano, es posible que incluso hayas sido más ruidoso que Marta ese día.

Jesús se negó. Dijo que María había hecho su propia elección, y que no iba a obligarla a cambiarla. Por supuesto, nos gusta la parte donde Jesús dijo que María había hecho la mejor elección. Esa parte es comprensible. Aplaudimos a Jesús por rechazar a Marta. ¿Pero qué pasaría si María o nuestra hermana o hermano o padre o suegro estuviera haciendo una elección terrible; no les habría hecho Jesús hacer lo correcto? ¿Por qué permitir esa elección? ¿No le importa?

Permítanme dejar esto en claro: esta es solo una respuesta a las oraciones sin respuesta. Nunca diría que esta distinción es la única razón por la cual las oraciones y el ayuno no cambian las situaciones en la dirección en que queremos que cambien. He visto oraciones y el ayuno hacer muchas cosas poderosas. El favor de Dios es un poderoso hacedor de diferencias.

Lo que sí quiero decir es que probablemente todos hemos estado en este lugar. Todos hemos orado para que Dios haga que ese niño, o ese cónyuge, o ese jefe, o ese acosador en la escuela se detenga y tome la decisión correcta. Pensamos algo como esto: si es obvio que tengo razón y que las Escrituras concuerdan con lo que estoy orando, ¿por qué mis oraciones no reciben respuesta?

En medio de las oraciones sin respuesta, puedo seguir orando para que Dios influya en las personas. La influencia de Dios es algo poderoso por lo que orar. Los veteranos en la iglesia lo llaman *convicción*. Créanme, la convicción de Dios en respuesta a la oración de una abuela, la oración de una madre, la oración de un esposo, la oración de una esposa o la oración de un niño, es poderosa. Por supuesto, la persona por la que estás orando aún puede elegir, independientemente del peso de la culpa, la verdad o las circunstancias que Dios le imponga en respuesta a nuestra oración apasionada y constante.

PAPÁ GOBIERNA

Dios le dio a la gente la libertad de elegir, y muchas de estas tragedias vienen como el precio del libre albedrío. Si yo fuera Dios, probablemente no habría elegido dar libre albedrío a los humanos. Suena un poco más limpio y ordenado para mí tener el poder de hacer que cada uno haga lo que yo quiero que ellos hagan. (Quizá pienses: bueno, es muy positivo que Todd no sea Dios. ¡Y tendrías razón!)

Pero al igual que los dos criminales en las cruces junto a Jesús, Dios le dio a cada individuo el derecho de hacer su propia elección. Todavía le da a cada individuo ese derecho hoy, lo que significa que muchas de las consecuencias resultan de nuestras malas elecciones. Nuestras elecciones perjudican a nuestras familias. Aquellos por quienes oramos no responden a la gracia, y en cambio siguen el llamado equivocado, y eso rompe nuestros corazones. He pensado mucho sobre esto cuando se trata de que mis hijos tomen sus propias decisiones.

En nuestra casa, nuestros hijos saben que mi esposa tiene docenas de reglas, ella supervisa las cosas, pero los niños también saben que yo tengo solo tres reglas.

Regla 1: *No debería tener que decírtelo más de una vez.* Cuando les digo algo a los niños, saben que voy a decírselo una vez, y si hay una pausa, empiezo a contar. . . 1, 2. . . Luego se ponen en marcha. Nunca les gustan las consecuencias que suceden después de 3.

Regla 2: *No molestes a tu madre.* Esto aplica a todas las demás reglas, de alguna manera. Saben que si la enloquecen, me vuelven loco. Entonces, esta es una regla importante. La respalda.

Regla 3: *Si tú y un hermano se van a las manos, ambos están en problemas.* Saben que no me importa cómo comenzó. Deben resolver sus problemas de otra manera que agrediéndose físicamente, golpeándose o pateándose, o ambos se meterán en problemas.

Mis primeras dos reglas siempre han funcionado bien, pero esta tercera regla simplemente no estaba haciendo clic. Los estaba dejando sin salir, castigando, corrigiendo, pero no funcionaba.

Así que un agricultor de papas con el que trabajo tiene algunos hijos bastante fuertes: uno era un luchador campeón estatal, y el otro era un jugador defensivo de los Nebraska Cornhuskers. Le pregunté cómo mantenía a esos dos hermanos sin destrozarse el uno al otro y a su casa. Su primera respuesta me sorprendió y me irritó. Él me dijo que la solución fue fácil. ¿Qué? ¡Cómo pudo ser eso! Luego continuó: "hago que se tomen de las manos en público como un castigo". Pensé: ¿De verdad? Eso me pareció extraño al principio. Pero con el tiempo, cuando lo probé, descubrí que la incomodidad pública de los hermanos era el castigo más efectivo para mis hijos. ¡Funcionó rápido! ¡Mi amigo era un genio!

Pero años después la lucha cambió. Colton y Colby peleaban y se agredían, en lugar de Cassie y Colton. Después de gritar un día y otro, escuché a Colby y Colton discutiendo en el sótano. La bulla que hacen obviamente ahoga el ruido que hago cuando regreso a casa. Sin darse cuenta de mi llegada, uno de ellos interrumpió la discusión para decir: "Cuando papá llegue a casa los dos estaremos en problemas; será mejor que resolvamos esto ahora". No podía creerlo. Se estaban gritando el uno al otro, pero la perspectiva de sostener la mano de un hermano en público seguía funcionando. Una vez que descubrí cómo hacer cumplir la regla, descubrieron cómo vivir con ella. Su elección fue clara para mí. Las consecuencias fueron claras para todos nosotros. Su elección fue clara para ellos también. Pero aún tenían que tomar la decisión correcta por sí mismos.

Hago todo esto para fundamentar mi crianza en algo concreto en sus vidas. Necesitan algo que no cambie. Las líneas rectas enseñan carácter. Las líneas curvas enseñan engaño y sentido de derecho. Algunos padres enseñan a sus hijos a encontrar pretextos o terceras o cuartas posibilidades en lugar de esperar responsabilidad de ellos mismos.

Quiero que mis hijos tomen las decisiones correctas sobre las cosas que afectarán sus vidas en el futuro. Ellos todavía pueden elegir tomar sus propias elecciones caprichosas, pero hago mi trabajo para ayudarlos a saber qué elegir. Creo que Dios obra con nosotros de la misma manera. Del mismo modo que mis hijos pueden elegir algo equivocado, las personas como el suegro de Danielle pueden elegir lo incorrecto y causar que sucedan cosas muy malas. Dios les deja la elección a ellos.

En lugar de bailar círculos alrededor de Dios, tratando de descifrar por qué pasan cosas malas a las personas buenas, admitamos que las circunstancias pueden ser horribles en esta vida, y las cosas no siempre parecen justas. Dios no está por atraparte; pero ha prometido hacer todas las cosas nuevas para ti algún día. A veces nadie está siendo castigado por una mala elección cuando ocurren cosas malas. Algunas veces la vida, y el mal en este mundo del que ya hemos hablado, atacan a víctimas inocentes y no merecedoras. Pero a veces no somos las víctimas. Elegimos nuestras acciones y recibimos nuestras consecuencias.

Yo no tomo decisiones; yo tan solo hago elecciones. Dios ya ha decidido los resultados; yo tan solo elijo si alinearme con Dios o no. Yo elijo si escucho y sigo a Dios. Pero no puedo decidir lo que Dios va a bendecir y maldecir.

Las decisiones que definen mis circunstancias están fuera de mis manos. Dios determina los resultados finales. Pero aún puedo tomar decisiones para alinearme con Dios o no, independientemente de cómo se sienta en el camino.

ÁRBITROS CIEGOS

Hablemos del libro de Job por un minuto. Tiene una historia apasionante como ninguna otra en la Biblia. Supongo que no has escuchado mucho sobre ella antes.

Job es una parte única de la Biblia. No es el tipo de cosas que escuchas en la televisión. Primero, el libro de Job es muy viejo. Debido a una variedad de cualidades de este libro, la mayoría piensa que es uno de los libros más antiguos o quizá el más antiguo de toda la Biblia. La historia es anterior a la historia registrada. Cuando se habla de cuándo sucedieron estos eventos, debes pensar en cosas como la *Epopeya de Gilgamesh, El Ramayana,* el *Libro Egipcio de los Muertos* o el *Código de Hammurabi.* Lo sé, lo sé, son cosas viejas y obsoletas que te hacen pensar en algo que Indiana Jones sacó del Templo de la Perdición o algo así, pero entiendes mi punto. Esto es súper viejo. Hace que las epopeyas griegas *La Ilíada* y *La Odisea* parezcan eventos actuales.

Lo primero que quiero señalar sobre el libro de Job es la idea de los jueces malos. Job 9:24 habla de cómo Dios vendará los ojos a los jueces de una tierra que cae en manos del liderazgo malvado. Es como si todas las personas que se supone que vean lo que está mal en la sociedad perdieran de vista la verdadera justicia.

Me encanta la forma en que Job 9:33 habla de esto a continuación: *"No hay entre nosotros árbitro que ponga su mano sobre nosotros*

232 DIOS ES REAL

dos".[4] ¿Alguna vez has estado en un juego en el que el árbitro estaba arruinando las cosas con malas decisiones? Nada arruina un juego como un mal árbitro, y nada crea un juego justo como uno bueno. Necesitamos un juez que no sea ciego, entonces podemos jugar el juego como se pretende. Él nos deja nuestra parte a nosotros, y Dios los llama como los ve.

Así es como transcurre la historia. Primero, Job es un gran tipo, el mejor tipo. Él es bendecido y ama a Dios. Otros vienen a él en busca de sabiduría. Pero entonces Dios permite que el enemigo ataque a Job, y pierde su riqueza, familia e incluso su propia salud. Esta es la peor historia de "mala suerte" en la Biblia, excepto que no es mala suerte, es un ataque del enemigo.

Luego, la historia recoge un diálogo interesante de los amigos de Job. Se extiende por todo el lugar y se vuelve más que un poco prolijo, pero hay una parte que quiero que noten. Job tiene un amigo llamado Elifaz. Es un tipo elocuente y analiza la situación de Job, como lo están haciendo sus amigos, y da consejos.

Elifaz dice esto: "*¿Puede un mortal ser inocente ante Dios? ¿Puede alguien ser puro ante el Creador?. Si Dios no confía en sus propios ángeles y acusa a sus mensajeros de necedad, ¡cuánto menos confiará en los seres humanos hechos de barro! Están hechos de polvo, son aplastados tan fácilmente como una polilla. Están vivos en la mañana pero muertos por la tarde y desaparecen para siempre sin dejar rastro. Se les arrancan las cuerdas, se derrumba la carpa y mueren en ignorancia*".[5]

Esto es material pesado. Y si es cierto, es aleccionador. Quiero decir, esto es Escritura, entonces es verdad, ¿no es así? Elifaz está dando sabiduría sana, ¿verdad?

Espera. Miremos de cerca.

Anteriormente en este capítulo, descubrimos que estas palabras ni siquiera son de Elifaz, pero él las está informando como su consejo. Leemos que Elifaz dice que *"En secreto recibí esta verdad, como si me la hubieran susurrado al oído".*[6] Así que estas palabras no son suyas.

Él pinta una imagen de esta *"inquietante visión"* que llega *"durante la noche, cuando la gente duerme profundamente".* Elifaz está profundamente preocupado por esta visión: *"El miedo se apoderó de mí, y mis huesos temblaron".* Él ve algo: *"Un espíritu pasó frente a mi cara, y se me pusieron los pelos de punta".* No puede distinguir la forma del espíritu, pero era una forma ante sus ojos, y en el aterrador silencio de ese momento habla, diciendo: *"¿Puede un mortal ser inocente ante Dios? ¿Puede alguien ser puro ante el Creador? Si Dios no confía en sus propios ángeles…".*[7] Continúa como arriba.

Entonces, este "consejo" del amigo de Job proviene de este "espíritu". ¿Quién es? Creo que fue un espíritu, tal como dice Elifaz. De hecho, es un ángel. Incluso habla de que Dios no confía en los ángeles: *"Si Dios no confía en sus propios ángeles".* ¿A quién se parece esto? Como mínimo, este es un ángel caído, un demonio del infierno. Puede incluso ser un informe del mismo enemigo, el mismo que usó la forma de una serpiente para hablar con Eva.

¿No es esto como el Diablo? A él le encantaría describirte a Dios de maneras que erosionen la confianza. Él quiere que Job y tú piensen que Dios no se preocupa por ustedes, que la relación podría estar dividida. Él quiere que pienses pragmáticamente, que maldigas la situación en la que te encuentras y que levantes las manos con desesperación. Esto es lo que el enemigo quiere. No escuches los consejos de aquellos que podrían recibir su llamada "sabiduría" de esas fuentes. Job no escuchó a Elifaz. Tampoco escuches a los descendientes de Elifaz en tu vida.

En cambio, escucha a aquellos que han visto a Dios aparecer: los que saben que Dios es real. Escucha a aquellos que no tuvieron que inventar cualidades que Dios pudiera tener, pero que han experimentado el hecho real de que Jesús apareció para hacer una diferencia en sus vidas.

Cuando Dios aparece, no necesitas hacer gimnasia mental, necesitas una experiencia con Él. No necesitas inventar cómo es Dios, tan solo necesitas ponerte repetidamente en un lugar donde Dios puede aparecer, y luego responder. Persigue a Dios esperando que aparezca.

Comprende que, aunque soy conocido como el hombre que habló sobre el Cielo porque su hijo lo experimentó, estoy muy apasionado con Dios, no con el Cielo. Si no hubiera Dios, no habría Cielo. Me preocupa que la gente quiera ir al Cielo, pero no quieren estar con Dios; el Cielo, sin embargo, es precisamente eso: estar *con* Dios. El infierno es todo lo contrario: estar *separado* de Dios.

Si piensas que has tratado de orar, has querido un milagro y no lo has conseguido, entonces también quiero abordar eso. Si así es como te sientes, entonces ponte en los zapatos de Job. Él también tuvo malos momentos. Dios no respondió sus oraciones por mucho tiempo, tampoco. Perdió todo, y algo más. Comprende que no es un problema binario. No se trata solo de ti y Dios. Hay una tercera persona en el problema: el enemigo. A veces estás bajo ataque. A veces, quien viene a robar, matar y destruir hace exactamente lo que pretende hacer: te roba la alegría, mata tu amor y destruye lo que has trabajado tan duro para preservar.

No culpes a Dios por lo que el enemigo ha hecho. Todo lo que te pido es que no te des por vencido con Dios, que le des otra oportunidad.[8] También te pido que abras tus ojos y veas que el enemigo de Dios también es tu enemigo.

INCRIMINAR A DIOS

Podrías pensar que es solo la gente de la iglesia la que olvida los sermones, pero nosotros los pastores también. Ni siquiera recuerdo lo que estaba diciendo en la noche cuando una chica en mi grupo de jóvenes habló. Ella solo tenía trece años en ese momento.

Estábamos en la sala de jóvenes de la iglesia con unos veinte estudiantes. Cada semana en nuestro boletín de la iglesia, tenemos una pregunta de aplicación que hace que la gente piense sobre el tema. Queremos que las personas participen en el sermón y lo apliquen a sus vidas. Algunas veces los adolescentes responden con ideas mucho mejores que los adultos.

Una joven adolescente en nuestra iglesia entregó su hoja de papel donde ella había escrito su idea: "Satanás te lastima, y luego él culpa a Dios por eso". Hablamos sobre esto más profundamente en el tiempo del grupo juvenil, porque esa era una de las cosas más profundas que jamás había leído. El enemigo hace una obra de incriminación contra Dios, y nos la creemos.

Ya ves, esto no es solo sobre ti y Dios. Hay un enemigo jugando en el campo de la vida. No tienes que elegir solo entre culparte a ti o a Dios. Puedes culpar al diablo, y ahí es donde pertenece la mayor parte de la culpa. La Biblia lo dice de esta manera: *"Así que no se dejen engañar, mis amados hermanos. Todo lo que es bueno y perfecto es un regalo que desciende a nosotros de parte de Dios nuestro Padre, quien creó todas las luces de los cielos".*[9]

Dios da dones buenos y perfectos. Él no es el que está causando eventos horribles en la vida. Hay uno que solo da cosas malvadas, que solo pone a la gente en curso de colisión con el caos. Ese enemigo tiene poder en la tierra para hacer esto. No te confundas en cuanto a quién es la causa del mal. Si el Enemigo puede convencerte de que las cosas malas en la vida provienen de Dios, entonces ese es el mayor engaño de todos. Él quiere que culpes a Dios.

La realidad es que a veces cosas muy malas suceden a las personas buenas, y cosas buenas suceden a personas muy malas. *"Pues él da la luz de su sol tanto a los malos como a los buenos y envía la lluvia sobre los justos y los injustos por igual"*.[10]

Está bien preguntarse qué está tramando Dios. Adelante, pregunta a Dios. Yo lo hago. Así es como encontramos respuestas de Dios. Pero al final, quiero que sepas que aunque las batallas se pierdan, la guerra no ha terminado. Entonces arrodíllate, orando conmigo para que las verdaderas respuestas vengan de Dios.

20

¿DIOS EN TODAS LAS PERSONAS?

Yo debería buscar lo mejor en las personas, ¿verdad?

Ella era una publicista experimentada y habilidosa, y me hizo hablar sobre nuestra historia, como sin duda había hecho con cientos de personas en el transcurso de su trabajo. Ella era el tipo de mujer con la que sentí que podía hablar durante horas.

Por supuesto, como ya sabrás, hacerme preguntas sobre mi historia probablemente lleve a una conversación espiritual. A medida que nuestra ida y vuelta se desarrollaba, me enteré de que ella era un poco aficionada a la religión, ya que había probado un poco de esta religión y de la kabbalah al budismo. Ella los respetaba a todos, dijo, pero no estaba comprometida con ninguna fe. Al ser evasiva con respecto a las cosas espirituales, dijo de paso: "Creo que Dios está en todas las personas", con la esperanza de seguir adelante.

Como parecía que nos estábamos haciendo amigos, la detuve en ese momento y dije: "Creo que no hay manera de que realmente lo creas".

Ahora estaba un poco aturdida, desconcertada por mi objeción, ya que eso es en lo que ella cree. Al expresar su punto de vista filosófico, habló de cómo cada persona tiene el bien en ella, y ella ve a Dios en todas las personas. Era su manera de funcionar en el mundo de una manera positiva.

Le dije: "Demasiadas personas hacen cosas horribles y atroces para decir que Dios está en todas las personas. Podría llegar a mitad de camino a tu declaración, y decir que Dios está *disponible* para todas las personas, pero él de seguro no está *en* todas las personas. Solo necesitas un libro de historia o incluso el periódico de hoy para ver que esto es cierto. Dios y ese tipo de mal no pueden existir en la misma persona al mismo tiempo.

MAL GENERALIZADO

Comencemos con la audaz afirmación de que "Dios está en todas las personas". Tengo algunos nombres que me hacen decir "no".

Foday Sankoh es uno. Fue el fundador del Frente Revolucionario Unido en Sierra Leona, África Occidental. Su gente estaba organizada para usar machetes y violaciones generalizadas para aterrorizar a los civiles de todas las edades y difundir el terror para que ellos pudieran tomar el poder. La gente todavía camina por Sierra Leona con brazos, pies, labios o orejas ausentes debido a Sankoh. No creo que haya algo de Dios en este hombre. Ni siquiera un poco.

¿Qué hay de Ho Chi Minh? Este hombre encarceló y ejecutó a más de un cuarto de millón de su propia gente. No creo que Dios estuviera en Ho, ni creo que nadie más lo piense. Luego está Joseph Stalin. Usó campos de concentración y ejecuciones en masa extensamente, con un número de muertos de decenas de millones en su cuenta. Creo que Stalin tenía algo dentro de él diferente a Dios. ¿Qué hay de Adolfo Hitler? Sus atrocidades son más conocidas, pero todo lo que necesitas hacer es estudiar con un poquito más de profundidad para descubrir la clase de maldad que no tan solo estaba en él, sino en miles de otros que llevaron a cabo el Holocausto y otras atrocidades de su era. Yo no pienso que él tenía "un pequeño Dios en él", sino tenía muchísima maldad en él.

Sé que no es una idea popular, pero creo que debemos ser directos con la realidad de que estas cosas, y estas personas, son *malvadas*; de hecho, hay un lugar para el mal y no es con Dios. Definitivamente no es el Cielo, es todo lo contrario.

El Dios de la Biblia es real, lo que hace que el Cielo sea real, pero eso también hace que el infierno sea real. ¿Por qué? Por Sankoh, Ho, Hitler y Stalin. La sangre de aquellos a quienes mataron clama por justicia. Pero la justicia a menudo no viene en esta vida. Las escalas no están balanceadas. El castigo por el mal es necesario en la próxima vida, especialmente cuando no viene en esta. Jesús no solo enseñó acerca del Cielo, sino que también enseñó acerca del infierno, incluso más de lo que enseñó sobre el Cielo.

Esta es la razón por la cual la Biblia habla acerca de que Jesús es el juez de la historia. Habrá un momento en el que las escalas de la justicia estarán equilibradas, y eso implica un juicio. No es nuestro rol juzgar a otras personas, pero puedes estar seguro de que es el rol de nuestro Dios. Puede que no sea nuestro asunto juzgar, pero es su lugar. ¿Por qué? Los malos deben ser abordados. El juicio es necesario.

HUMANISMO EN LAS CUERDAS

Puedo ver por qué esa publicista adoptaría la idea de que Dios está en todas las personas, o al menos ese *bien* está en todas las personas. Es un mensaje muy positivo y estimulante si no lo examinas demasiado a fondo. Es un mundo lleno de esperanza y arco iris... ¿quién no quiere eso? El problema es que no coincide con la realidad. ¿No necesitas un Dios honesto, uno que no vaya a endulzar la realidad para ti? El mal existe. La muerte y la decadencia nos rodean.

La filosofía que la mujer sostenía a veces se llama humanismo. No tengo un gran problema contra los humanistas, y no voy a tirarlos debajo del autobús. Creo que su intención es buena. Están tratando de hacer del mundo un lugar mejor en ausencia de creer en Dios. Lo entiendo. Solo quiero señalar que la filosofía no funciona; no explica el mundo ni ofrece una verdadera esperanza de cambio.

El mejor ejemplo para esto es que muchas cosas empeoran, no mejoran, cuando las dirigen los humanos. Con el humanismo existe la creencia de que las personas son buenas y que son capaces de hacer mucho bien si trabajan juntas. Hay un ligero matiz de esperanza en una sociedad utópica. Esa no es la doctrina humanista, pero a eso es a lo que a menudo lleva implícitamente.

Muchos esperan que la tecnología, la democracia y el espíritu de avance humano nos lleven a una sociedad utópica donde las personas estén seguras y no sean egocéntricas. Algunos piensan que si eliminas cosas como la pobreza y la enfermedad, entonces eliminarás las motivaciones para las acciones malvadas. Pero los avances que hemos hecho no han hecho mella en la propensión humana al mal. La utopía no es más que un sueño totalmente inalcanzable por el ingenio humano y el carácter.

¿La prueba? Ahí es donde necesitas tu periódico y tus libros de historia. Los diez genocidios y guerras más brutales en la historia humana han sumado 250 259 749 muertes. Varias fueron en los últimos cientos de años. Las guerras y el terror son parte de la experiencia humana. Asesinamos, matamos y nos bombardeamos el uno al otro hasta el desprecio.

Algunos podrían decir que las cosas están mejorando, pero no lo están. La guerra más sangrienta de todos los tiempos fue en el siglo pasado, la Segunda Guerra Mundial. Doce de los peores genocidios en la historia humana ocurrieron en el siglo pasado. La humanidad no está mejorando en esto. Estamos empeorando. Si el humanismo es reflejar la realidad, entonces es un camino muy oscuro en el que estamos.

En esta oscuridad viene la luz, la luz que da vida a los humanos: Jesucristo. Se hizo humano para que podamos ser salvados de este destino. Es solo a través de su gracia que es posible arreglar cualquier sector de nuestra malvada historia.

EL PECADO SEPARA

La Biblia deja en claro que Dios no disfruta ni se dispone a ver castigada a la gente. Dios quiere salvarnos. Pero el pecado crece y conduce a más y más rebelión. Y así como la rebelión construye muros entre las personas, construye un muro entre Dios y nosotros. Cuando hacemos el mal, cuando albergamos el pecado en nuestros corazones, esa es la cosa que los separa. No es que Dios no quiera estar con nosotros, es que elegimos el pecado por encima de él. Isaías 59:2 lo dice de esta manera:

Son sus pecados los que los han separado de Dios. A causa de esos pecados, él se alejó y ya no los escuchará.[1]

Una parte familiar de la Escritura es Juan 3, donde se encuentra el gran verso *"Porque tanto amó Dios al mundo que dio a su Hijo unigénito..."*.[2] Sin embargo, pocos van más allá del versículo 16 y leen los versículos del 17 al 21, que presentan los asuntos del juicio, el castigo y el mal en el contexto del amoroso regalo de Dios de su hijo para la salvación. Comprende que Dios ama, pero Dios también debe hacer que la justicia se haga cargo del mal.

Dios no envió a su Hijo al mundo para condenar al mundo, sino para salvarlo por medio de él. No hay condenación para todo el que cree en él, pero todo el que no cree en él ya ha sido condenado por no haber creído en el único Hijo de Dios. Esta condenación se basa en el siguiente hecho: la luz de Dios llegó al mundo, pero la gente amó más la oscuridad que la luz, porque sus acciones eran malvadas. Todos los que hacen el mal odian la luz y se niegan a acercarse a ella porque temen que sus pecados queden al descubierto, pero los que hacen lo correcto se acercan a la luz, para que otros puedan ver que están haciendo lo que Dios quiere (Juan 3: 17-21 NTV)

Al final, aquellos que no quieren estar en la luz eligen estar en la oscuridad. Esto es cierto para Adolfo Hitler, e incluso para aquellos que no son culpables de genocidio, sino que eligen lo que parecen males menores. Incluso ellos todavía eligen no responder a la gracia de Dios.

ATASCADO EN UN MUNDO MALVADO

Me encantó leer el libro de Max Lucado, *A causa de Belén*. Claro, es un libro sobre Navidad, pero es mucho más. Nos está ayudando a entender cómo la Navidad es la celebración del punto de inflexión más importante de la historia para un mundo malvado. En este libro, Lucado me ayudó a entender que todos nosotros, como seres humanos, nos sentimos... atascados. Nos sentimos atrapados en un cuerpo moribundo, atrapados en malos hábitos y atrapados sufriendo las consecuencias de malas elecciones en nuestro mundo rebelde. Necesitamos ayuda. Él lo dice de esta manera: "...compramos hasta que caemos, bebemos hasta que no podemos pensar, trabajamos hasta que no podemos parar. Hacemos todo lo posible para sacar nuestras mentes de nuestro desorden, solo para despertar, estar sobrios o sentarnos y darnos cuenta de que estamos todos atrapados. Necesitamos a alguien que nos salve de la vida sin sentido y la mezquindad... Necesitamos un Salvador".[3]

La mezquindad es el mal de este mundo del que estoy hablando. La realidad es que los seres humanos necesitan algo más que creer en otros seres humanos para mejorar las cosas. Si todo lo que tenemos para continuar es el uno para el otro, entonces estamos en problemas. A menudo, lo que viene después de esta comprensión cuando no crees en Dios es la falta de sentido.

La publicista sintió como que había un pequeño Dios en todas las personas. Yo contestaría y diría que hay un pequeño mal en todas las personas, y cuando respondemos al regalo de salvación gratuito de Dios, no solo tenemos un "pequeño Dios" en nosotros. No solo nos volvemos "un poco buenos". Dios acoge todo lo que hay en nosotros, de modo que todo lo que somos se somete a todo lo que Él es.

Todo lo que le estaba diciendo a la publicista era nueva información para ella, una confrontación con la filosofía de que había un pequeño Dios en todas las personas. Después de escucharme este tipo de ideas, la publicista comenzó a reevaluar su posición de que Dios está en todas las personas. Ella vino a verme al día siguiente y me dijo que le llamó la atención mi comentario sobre que Hitler no tenía nada bueno en él. Resultó que tenía un pariente que había estado en un campo de concentración nazi. Ella me dijo: "Cuando estaba hablando contigo, había una voz dentro de mí que me decía que necesitaba escucharte. Nunca he tenido eso antes. ¿Qué fue eso?".

Me acordé del versículo que dice:»*¡Mira! Yo estoy a la puerta y llamo. Si oyes mi voz y abres la puerta, yo entraré y cenaremos juntos como amigos*".[4] Esto es lo que le estaba sucediendo a esta mujer. Esto hizo que su pregunta fuera fácil de responder. "Estoy orando por ti y le pido a Dios que te hable", le dije. "Entonces, la pregunta no es '*¿Qué es eso?*', sino '*¿Quién es ese?*'. Creo que Dios ya te está hablando."

Quizá Dios te está hablando también. Tal vez Dios está diciendo: "Necesitas escuchar esto". Si es así, tómate tu tiempo para abrir esa puerta y compartir un momento con Dios, juntos, como nuevos amigos.

21

LOS PASOS SIGUIENTES

¿Qué debería hacer ahora? ¿Qué sigue para mí?

Un amigo cercano usa con frecuencia esta frase: "Es todo sombrero y nada de vaquero". Esta es la forma de decir de un tipo del oeste:

"Habla mucho y hace poco".

La realidad es que nosotros, los que seguimos a Jesús, a veces podemos ser todo sombrero y nada de vaquero acerca de nuestra fe. Hablamos de este Jesús que cambia vidas, pero nuestras vidas no han cambiado. Si fuéramos bomberos, seríamos todo casco y nada de bombero. Si fuésemos sacerdotes, estaríamos con todo cuello y nada de alma. Si fuéramos futbolistas, seríamos todo uniforme y nada de ataque.

Es hora de que lo que vivimos coincida con lo que hablamos.

¿Cómo llegamos allí? Jesús obra en cada uno de nosotros para que crezcan pruebas en nuestras vidas de que nos hemos rendido a Él. El primer paso para todos es entregarle su vida a Cristo, ser verdaderamente dedicado a Él. Pero, ¿cuál es el segundo paso? Conozco el primer paso tan seguro como conozco mi propia cara, pero no conozco el paso dos. Tendrás que dejar que Jesús te guíe a través de las Escrituras sobre lo que debes hacer a continuación.

LOS MANDATOS DE JESÚS

No sé ustedes, pero a mí me gusta ir al grano. Prefiero no perder el tiempo hablando de nada si tenemos cosas que hacer o decisiones que tomar. Si eres así, entonces te estarás preguntando: ¿Qué quiere Jesús de mí? Es posible que estés buscando un versículo que te dé órdenes de marcha para lo que viene después. Si hay una fórmula secreta o una receta sobre cómo vivir la vida cristiana, preferiría simplemente conocerla ahora, en lugar de sorprenderme con ella más tarde, incluso si es difícil.

Para responder a estas preguntas, debemos ver lo que Dios dice, así que ten paciencia conmigo cuando pensemos en lo que Dios nos ordenó. La respuesta corta es: Dios nos dio muchos mandatos.

No te dejes abrumar por la desesperación. Piensa en todas las cosas que un niño tiene que aprender a medida que crece en la vida. Caminar es solo una de las asignaciones difíciles; ni siquiera vamos a mencionar el lenguaje o las relaciones. Como un niño que aprende a caminar, habrá caídas. También habrá escaleras para dominar. Habrá momentos en los que el progreso sea lento e inestable.

Gradualmente, el crecimiento y el dominio conducirán a la velocidad y al equilibrio. Todos estos mismos pasos ocurren cuando se alcanza crecimiento espiritual también. En lugar de tener miedo, decide tomar otro paso. Dios sonríe en tus pasos espirituales justo igual que tú aplaudes los pasos físicos de un niño.

¿Qué pasa si visualizas los mandamientos de Dios como pasos? Los pasos pueden llevarte por una escalera que te acerca más a él. Los pasos también pueden llevarte más alto en tu relación con los demás, ya que cada paso lleva también a un carácter más alto.

Muchos piensan en el Antiguo Testamento como un conjunto de reglas y piensan que el Nuevo Testamento es algo sin reglas ni mandatos. Pero si haces las matemáticas, no tiene sentido. La "ley" judía (conocida como la Torá) incluye 613 órdenes que los judíos trataron de seguir. De hecho, si alguna vez has visto a un judío devoto usando un chal de oración (llamado talit), está conectado a estos comandos en las borlas. Cada borla tiene ocho hilos cuando se duplica y cinco conjuntos de nudos, lo que hace que sean tres. Agregado todo, hace 613 (o eso dicen... yo, por mi parte, nunca he contado las borlas).

Eso es un montón de órdenes, pero es sorprendente descubrir que hay más comandos en el Nuevo Testamento que en toda la Torá. Cerca de setecientos pasajes en el Nuevo Testamento se pueden tomar como órdenes. Jesús mismo dio más de cien órdenes a sus discípulos y a otros que desean la misma respuesta que estamos buscando.

Leer las docenas de órdenes de Jesús puede ser abrumador. Te arriesgas a llegar al punto en que sientes que no puedes agradar a Jesús. Pero esta es la cuestión: Jesús te conoce y sabe lo que tú necesitas hacer. Al igual que el joven y rico gobernante del que hablamos antes, Jesús sabe a cuál mandato debes dedicarte para pasar a

248 DIOS ES REAL

la próxima temporada de tu vida espiritual. Para el joven gobernante rico significaba perder su apego a sus posesiones. Pero si no eres como él, es probable que sea algo diferente para ti. Bueno, entonces supongo que Jesús no te está diciendo que vayas y vendas todo lo que tienes y se lo des a los pobres. Lo que sigue es una larga lista de lo que Jesús nos dijo que hiciéramos.

No digo que nada de esto sea opcional; tal vez durante toda la vida, Jesús susurraría en tu alma y te condenaría sobre todas estas cosas. Solo digo que si Jesús apareciera en el lugar en el que te encuentras ahora y te dijera que hagas solo una cosa más, probablemente sea una de estas.

Aquí está el problema: la idea de que Jesús esté en la habitación contigo ahora mismo no es hipotética. No estoy diciendo esto solo para que pienses. El Espíritu de Dios habla por Jesús para ti, y Él puede poner en tu corazón lo que debes hacer a continuación. Repasemos tantos de estos mandatos como sea posible en los primeros capítulos del Nuevo Testamento, en el libro de Mateo. Esta es una de las porciones más prácticas y simples de todas las Escrituras. Si te preguntas, quizá este sea el próximo para mí, luego reza y da el siguiente paso.

¿TE DICE JESÚS QUE TE ARREPIENTAS?

Si nunca te has alejado de los pecados que te derrumban, entonces es el momento. Jesús te está pidiendo que te arrepientas, es decir, que te apartes de tu pecado. *"A partir de entonces, Jesús comenzó a predicar: «Arrepiéntanse de sus pecados y vuelvan a Dios, porque el reino del cielo está cerca»"* (Mateo 4:17). El siguiente paso es tomar un giro completo de 180 grados del pecado hacia Jesús, en completa devoción.

¿TE DICE JESÚS QUE LO SIGAS?

Si no has decidido seguir a Jesús por el resto de tu vida, hoy es el día. Esta no es una decisión de volverse religioso o ser eclesiástico; es una decisión de hacer lo que Jesús hace, y dejar tu vida de apatía para llamar a otros a seguirlo también. *"Jesús los llamó: «Vengan, síganme, ¡y yo les enseñaré cómo pescar personas!»"* (Mateo 4:19). El siguiente paso es hacer un compromiso para seguirlo, desde este día hasta el final de tu vida.

¿TE DICE JESÚS QUE TE REGOCIJES EN LA PERSECUCIÓN?

¿Estás en tiempos difíciles debido a tu nueva fe? ¿Las personas te están haciendo cosas para que renuncies a tu fe? Si es así, Dios tiene una visión extraña de esa persecución: Te hace más fuerte en tu fe y es algo para celebrar. *"Dios los bendice a ustedes cuando la gente les hace burla y los persigue y miente acerca de ustedes y dice toda clase de cosas malas en su contra porque son mis seguidores. ¡Alégrense! ¡Estén contentos, porque les espera una gran recompensa en el cielo! Y recuer-den que a los antiguos profetas los persiguieron de la misma manera"* (Mateo 5: 11-12). El siguiente paso es agradecer a Dios por darte la fortaleza para soportar la persecución y por confiar en ti.

¿TE DICE JESÚS QUE LO RECONOZCAS EN PÚBLICO?

¿Es tu fe algo que solo practicas en privado, y tienes que hacerlo público? ¿Necesitas demostrar tu amor por aquellos que conoces de una manera inconfundiblemente diferente? ¿Hay personas en tu vida que necesitan saber por qué has cambiado? *"De la misma manera, dejen que sus buenas acciones brillen a la vista de todos, para que todos alaben a su Padre celestial"* (Mateo 5:16). El siguiente paso es encontrar la manera de darle a Dios la gloria por todo lo que hace en ti y a través de ti.

¿TE DICE JESÚS QUE PERDONES?

¿Hay un rencor reteniéndote? ¿Hay alguien contra quien tienes algo en contra, o que tiene algo en tu contra? Si es así, es hora de dejarlo descansar e incluso dejar atrás cualquier otra actividad espiritual en la que estés involucrado, para corregir eso. *"»Por lo tanto, si presentas una ofrenda en el altar del templo y de pronto recuerdas que alguien tiene algo contra ti, 24 deja la ofrenda allí en el altar. Anda y reconcíliate con esa persona. Luego ven y presenta tu ofrenda a Dios"* (Mateo 5:23-24). El siguiente paso es hacer una lista de aquellos con los que necesitas reconciliarte, y hacer lo que sea necesario para amarlos y perdonarlos sin intentar que admitan ningún error.

¿TE DICE JESÚS QUE NO COMETAS LUJURIA?

¿Estás albergando pensamientos lujuriosos en tu mente en lugar de dejarlos ir de inmediato? ¿Insistes pensando en la forma en que alguien se ve, y la deseas de una manera que está corrompiendo tu alma? "Pero yo digo que el que mira con pasión sexual a una mujer ya ha cometido adulterio con ella en el corazón" (Mateo 5:28). El siguiente paso es dejar ir cada tentación lujuriosa tan pronto como la pienses.

¿TE DICE JESÚS QUE MANTENGAS TU PALABRA?

¿Tienes un problema con "mentiras blancas"? ¿Estás empezando a creer algunas de tus propias historias inventadas? Es hora de tener claridad sobre la verdad. *"Simplemente di: 'Sí, lo haré' o 'No, no lo haré'. Cualquier otra cosa proviene del maligno"* (Mateo 5:37). El próximo paso es ser implacable contigo mismo para decir siempre la verdad y no hacer promesas que no cumplirás.

¿TE DICE JESÚS QUE ORES EN SECRETO?

¿Tiendes a buscar elogios y la admiración de los demás, incluso en las cosas espirituales? ¿Haces una cosa delante de los demás y otra en privado? Es hora de hacer más secreta tu vida espiritual. *"Cuando ores, no hagas como los hipócritas a quienes les encanta orar en público, en las esquinas de las calles y en las sinagogas donde todos pueden verlos. Les digo la verdad, no recibirán otra recompensa más que esa. Pero tú, cuando ores, apártate a solas, cierra la puerta detrás de ti y ora a tu Padre en privado. Entonces, tu Padre, quien todo lo ve, te recompensará"* (Mateo 6: 5-6). El siguiente paso es desarrollar prácticas espirituales que son completamente secretas, y que nadie más conocerá, excepto tú y Dios.

¿TE DICE JESÚS QUE INVIERTAS EN EL CIELO?

¿Solo inviertes en cosas que no duran? ¿Te está pidiendo Dios que inviertas tus bienes en su Reino, donde realmente cuenta? Si eres lento en entregar tus finanzas a Dios, él puede estar pidiéndote que le entregues esta parte de tu sistema de valores. *"No almacenes tesoros aquí en la tierra, donde las polillas se los comen y el óxido los destruye, y donde los ladrones entran y roban. Almacena tus tesoros en el cielo, donde las polillas y el óxido no pueden destruir, y los ladrones no entran a robar. Donde esté tu tesoro, allí estarán también los deseos de tu corazón"* (Mateo 6:19-21). El siguiente paso es encontrar la manera de dar para que la obra de Dios avance, sin ninguna consideración para obtener crédito o ganancia para ti, sino más bien por la generosidad de tu corazón. Esto te cambiará para siempre.

¿TE DICE JESÚS QUE BUSQUES SU REINO?

¿Te levantas por la mañana y vas a la cama por la noche obsesionado con algo más que pensamientos divinos? ¿Hay alguna meta en tu vida que no haya sido sometida al plan de Dios? Tal vez Dios te está pidiendo que pongas esa cosa en sus manos, y que busques su manera de alcanzarla, como mucho, si Él no es primero. *"Busquen el reino de Dios por encima de todo lo demás y lleven una vida justa, y él les dará todo lo que necesiten"*(Mateo 6:33). El siguiente paso es considerar cómo encajan tus metas en el plan de Dios, y alinearlas con él ...o abandonarlas por completo.

¿TE DICE JESÚS QUE NO JUZGUES?

¿Tiendes a menospreciar a los demás por esta o aquella cualidad, o por algún comportamiento? ¿Estás pensando demasiado a menudo en las cualidades negativas de los demás que te molestan u ofenden? Dios puede estar pidiéndote que le dejes a él este juicio, para que tus pensamientos se vuelvan más positivos.*"No juzguen a los demás, y no serán juzgados. Pues serán tratados de la misma forma en que traten a los demás. El criterio que usen para juzgar a otros es el criterio con el que se les juzgará a ustedes. ¿Y por qué te preocupas por la astilla en el ojo de tu amigo, cuando tú tienes un tronco en el tuyo?"* (Mateo 7:1-3). El próximo paso es confiar en Dios para que maneje a estas personas a las que quieres juzgar, y vivir tu vida con un enfoque más positivo.

¿TE DICE JESÚS QUE DEJES DE MALGASTAR TUS ESFUERZOS?

¿Estás poniendo una gran cantidad de esfuerzo en complacer a las personas que no pueden ser satisfechas? ¿Estás tratando de hacer algo que honre a las personas en lugar de a Dios? Tal vez Dios quiera liberarte de la sensación de estar golpeando tu cabeza contra la pared. *"No desperdicies lo que es santo en gente que no es santa. ¡No arrojes tus perlas a los cerdos! Pisotearán las perlas y luego se darán vuelta y te atacarán"* (Mateo 7:6). El siguiente paso es entregarle a Dios tu obsesión con esto, y encontrar la manera de no solo confiar en él, sino trabajar para complacerlo a Él en vez de complacer a otros.

¿TE DICE JESÚS QUE LE PIDAS LO QUE NECESITAS?

¿Tu orgullo te impide depender de Dios? ¿Tienes necesidades que no estás dispuesto a admitir, porque eso sería un signo de debilidad? Dios puede querer que seas persistente en traerle tu necesidad. *"Sigue pidiendo y recibirás lo que pides; sigue buscando y encontrarás; sigue llamando, y la puerta se te abrirá. Pues todo el que pide, recibe; todo el que busca, encuentra; y a todo el que llama, se le abrirá la puerta"* (Mateo 7:7-8). El siguiente paso es entender que Dios realmente quiere lo mejor para ti y te proveerá lo que realmente necesitas, y redirigirá tus deseos a cosas más nobles, si tú realmente no lo haces.

¿TE DICE JESÚS QUE TRATES A LOS OTROS DE MANERA DIFERENTE?

¿Estás tratando a las personas de una manera que puede no ser la mejor? ¿Esperas un cierto nivel de servicio de los demás, pero luego no sirves a otros en tu hogar, tu trabajo o tu comunidad? Jesús puede estar pidiéndote que te conviertas en un servidor como Él. *"Haz a los demás todo lo que quieras que te hagan a ti. Esa es la esencia de todo lo que se enseña en la ley y en los profetas"* (Mateo 7:12). El siguiente paso es hacer que este mandato, a menudo llamado "la Regla de Oro", sea parte de cómo tratas desinteresadamente a otras personas.

¿TE DICE JESÚS QUE ESCOJAS LA RUTA MÁS DIFÍCIL?

¿Es tu tendencia a hacer las cosas de la manera más fácil y tomar el atajo? ¿Tienes que ser probado por Dios y hacer algo difícil para él en tu vida? Tal vez Dios quiere ver de qué estás hecho, y te está llamando a un difícil camino a continuación. *"Solo puedes entrar en el reino de Dios a través de la puerta angosta. La carretera al infierno es amplia y la puerta es ancha para los muchos que escogen ese camino. Sin embargo, la puerta de acceso a la vida es muy angosta y el camino es difícil, y son solo unos pocos los que alguna vez lo encuentran"* (Mateo 7:13-14). El siguiente paso es elegir lo difícil que Dios quiere de ti, llevar tu dedicación a otro nivel y tomar el camino angosto que otros no tomarían, porque Dios cree que puedes hacerlo por su poder.

¿TE DICE JESÚS QUE DISCIERNAS MÁS?

¿Confías más de lo que deberías en alguien que está en una posición de autoridad, pero está haciendo un mal uso de ese poder? ¿Te has enamorado de una persona por sobre Jesucristo, o ya no disciernes a un líder de la persona de Jesús? Si sigues a alguien más de cerca de lo que sigues a Jesús, redirígete para seguirlo. *"Ten cuidado de los falsos profetas que vienen disfrazados de ovejas inofensivas pero en realidad son lobos feroces. Puedes identificarlos por su fruto, es decir, por la manera en que se comportan. ¿Acaso puedes recoger uvas de los espinos o higos de los cardos?"* (Mateo 7:15-16). El siguiente paso es obtener la sabiduría divina, orar y examinar las Escrituras, y discernir si la persona que estás siguiendo te está haciendo mostrar más del fruto que Dios quiere en tu vida.

SIN FÓRMULAS

Después de un gran evento en el que Dios se había movido de una manera grandiosa, estábamos repasando las tarjetas de oración y respuesta. Una carta se destacó para mí más que cualquier otra. Fue de una mujer que anotó, al marcar una casilla, que entendió el mensaje de Jesús que presentamos y entregó su vida a Cristo por primera vez en el evento. ¡Celebramos eso!

Pero hay más en la historia. Miles de personas han respondido a Cristo en nuestros eventos, pero esta tenía algunas otras cosas sucediendo. También anotó en su tarjeta que su compañera necesitaba oración; su compañera era otra abuela a quien se le había negado el acceso a su nieto. Ella siguió con entusiasmo sobre lo que Dios estaba haciendo en su corazón esa noche, y concluyó con esta exclamación: "¡Vamos a patear a Satanás juntos!".

Están pasando muchas cosas aquí en esta pequeña tarjeta. *¿Por qué debería estar orando por esta mujer?*, pensé.

¿Debo orar por un siguiente paso en el lenguaje vulgar que ella usa (incluso en una tarjeta de oración)?

¿Debo estar orando por los siguientes pasos sobre el hecho de que ella está muy emocionada de pelear contra Satanás "allá afuera" con nosotros, pero hay mucho dentro de ella que necesita la integridad de Dios?

¿Debo estar orando por los próximos pasos para la relación en la que se encuentra?

¿Debería orar por los siguientes pasos con el nieto distanciado y el deseo de volver a conectarse?

Esto fue difícil de discernir. Pero, por supuesto, la verdad rápidamente se hizo realidad desde Cristo para mí. La clave era que ella había respondido a Jesús esa noche, y ella lo había invitado a pasar. Ese era el próximo paso más importante para ella. ¿Qué iba a hacer después Dios, en ella y a través de ella? No lo sé. Solo sé que mi rol en su vida esa noche fue presentarle a Jesús y su mensaje, que ella recibió.

Nuestro rol con los demás es amarlos, orar por ellos, presentar la verdad de Jesús, y luego acompañarlos a lo largo del tiempo para ayudarlos a discernir lo que Dios les está guiando a hacer luego en sus vidas, según la Biblia.

Ya ves, para cada uno de nosotros no se trata de enfocarse en todos los pasos a la vez. Se trata de los pasos *siguientes*. Las personas bien intencionadas se equivocan al establecer una fórmula para los demás en sus vidas espirituales. No voy a hacer eso por ti. Dios, no yo, debe hablarte. Jesús es siempre el primer paso en cualquier crecimiento espiritual, lo sabemos, pero no podemos formular los próximos pasos para otros más allá de eso. La gente necesita a Dios, no nuestra fórmula. Es crucial ser paciente y dejar que Dios sea Dios, y obedecerlo cuando hable.

22

ÚLTIMAS PALABRAS

¿Qué estás tratando de decirme?

Al escribir este libro, he estado pensando en dos tipos de personas. La primera es la persona que no es de la iglesia, la que cree un poquito, pero que no se consideraría a sí misma una persona religiosa que asiste a la iglesia. La Biblia tiene una palabra para ese tipo de persona. Espero que no te ofendas. Es la palabra rebelde.

Ahora, tú puedes ser la clase de persona que abraza la idea de ser rebelde, un James Dean moderno. Independientemente de tu perspectiva, todos somos rebeldes contra Dios cuando nacemos, y mi esperanza con este libro ha sido hablar con personas que han sido rebeldes. Me puedo identificar; también tengo un poco de espíritu rebelde en mí. La Escritura que ha guiado mi llamado últimamente ha sido Lucas 1:17b: *"Hará que los rebeldes acepten la sabiduría de los justos"*.[1]

Entonces, ¿cómo puedo definir rebelde? Bueno, todos luchamos con la culpa. El problema con reconocer la moralidad es que comenzamos a sentir culpa. Nos mantiene separados de Dios. Con culpa, o nos acercamos a Dios y recibimos perdón, o mantenemos a Dios a distancia, para pensar menos en Él y pensemos menos en nuestra culpa. Todos nosotros somos naturalmente rebeldes. Es el "espíritu adolescente" que he mencionado. Quiero que todos nosotros, con un espíritu adolescente, aceptemos la sabiduría de los piadosos.

Por supuesto, puede ser difícil aceptar la sabiduría de los piadosos, así que hablemos de eso. Entiendo por qué puedes sentirte así. Estoy aquí para pedirte perdón por el modo en que muchos de los supuestamente piadosos han tergiversado el mensaje de Jesús, a los que he llamado "los eclesiásticos" en este libro (a diferencia de los verdaderos cristianos). Los cristianos entre nosotros te han hecho un flaco favor. Por favor, perdónanos y no tengas en cuenta nuestro comportamiento en contra de Dios.

Ese versículo que acabo de citar, en Lucas 1, habla sobre Zacarías e Isabel, que no podían tener un hijo. No sé si alguna vez te has sentido literal o figurativamente estéril como Elizabeth, como si nada de lo que estabas haciendo estuviera produciendo lo que pretendías. Creo que Dios puede obrar milagros nuevamente como lo hizo por ella cuando le dio un hijo. Estoy orando por un nuevo día para ti. Ya no eres estéril; serás fructífero de aquí en adelante. Dios puede darte el amor, la alegría y la paz que estás buscando. Tal vez tu corazón, tu familia, tu trabajo o tu vida se sientan vacíos y estériles como el útero de Elizabeth. Estoy aquí para contarles acerca de la sabiduría de los piadosos, que Dios puede ayudar a darles lo que se ha perdido cuando se sienten estériles. Comienza tu nuevo día ahora.

Las otras personas que he tenido en mente en este libro son personas cristianas. Me preocupa que deba disculparme por la iglesia como lo hice en los párrafos anteriores. Seguir a Jesucristo ha sido tan diluido que el arrepentimiento (cambio verdadero) a menudo ha sido descartado. Muchos han eliminado el penoso mensaje de arrepentimiento de la misma manera que tirarías los desperdicios en un contenedor de basura.

En la Biblia el perdón nunca se ofrece sin arrepentimiento. La gracia es inmerecida, pero nunca es barata. Los pastores la ofrecen como un par de onzas de cacao en su leche, algo que ellos ofrecen para endulzar su vida. La salvación es mucho más costosa y real que eso.

Mi mensaje a los cristianos es que se arrepientan de la falsedad impía de los feligreses que estamos tentados a entretener, tanto en nuestras vidas como en nuestras iglesias. Y en su lugar, busquen el verdadero arrepentimiento, el verdadero cambio de vida.

El apóstol Pablo habló sobre por qué es tan importante dejar en claro este mensaje sobre el perdón: *"No lamento haberles enviado esa carta tan severa, aunque al principio sí me lamenté porque sé que les causó dolor durante un tiempo. Ahora me alegro de haberla enviado, no porque los haya lastimado, sino porque el dolor hizo que se arrepintieran y cambiaran su conducta. Fue la clase de tristeza que Dios quiere que su pueblo tenga, de modo que no les hicimos daño de ninguna manera. Pues la clase de tristeza que Dios desea que suframos nos aleja del pecado y trae como resultado salvación. No hay que lamentarse por esa clase de tristeza; pero la tristeza del mundo, a la cual le falta arrepentimiento, resulta en muerte espiritual"*.[2]

MI HISTORIA

Jesús se dirigió a un pueblo llamado Naín, y una gran multitud lo siguió. Un cortejo fúnebre estaba saliendo del pueblo mientras se acercaba. Hoy no tenemos el mismo tipo de experiencia, pero tenemos la procesión de autos que salen de un funeral para ir al entierro. Llega el coche fúnebre, luego el auto con la familia, luego un montón de autos con las luces encendidas, incluso a mediodía, y muchos tienen pequeñas banderas en ellos. No sé lo que hacen en tu pueblo, pero en el mío todos estacionamos nuestros autos al costado del camino por un momento y dejamos pasar la procesión. Es un momento solemne, incluso si no tienes idea de quién es el difunto. Sin embargo, experimento estos momentos desde la distancia de mi automóvil. Detrás de la seguridad y la oscuridad de las ventanas polarizadas, no puedo ver ni escuchar a los que están llorando. Esto no era así en el tiempo de Jesús. En ese entonces se quedaban al descubierto. Veían y escuchaban el dolor, especialmente el de la madre.

Jesús consideraba los ojos de cada duelo. La Biblia dice: *"Cuando Jesús llegó a la entrada de la aldea, salía una procesión fúnebre. El joven que había muerto era el único hijo de una viuda, y una gran multitud de la aldea la acompañaba. Cuando el Señor la vio, su corazón rebosó de compasión. «No llores», le dijo. Luego se acercó al ataúd y lo tocó y los que cargaban el ataúd se detuvieron. «Joven —dijo Jesús—, te digo, levántate». ¡Entonces el joven muerto se incorporó y comenzó a hablar! Y Jesús lo regresó a su madre".*[3]

No sé lo que este chico podría haberle dicho a su madre. No sé nada sobre las conversaciones siguientes. Pero, al igual que tú, comparo las vidas de otras personas con mis propias experiencias. Solo puedo imaginarme qué conversaciones tuvieron lugar. ¿Fueron sus conversaciones tan intensas o tan cambiantes como las mías fueron con Colton? Ahora debes reconocer que esta historia es muy similar a la mía. Conozco tanto el miedo de la madre a perder un hijo, y luego la alegría cuando ese hijo es devuelto. Mi hijo me dijo, en términos inequívocos, que Jesús lo envió de regreso del Cielo porque estaba respondiendo mi oración. Sé que así como Jesús le devolvió este hijo a su madre, él también me devolvió a mi hijo.

Esta historia se ha convertido en mi historia. Desde 2003, he tenido la oportunidad de hablar sobre este inexplicable, pero innegable milagro que Dios ha hecho en mi vida. Sé que ese mismo Dios inexplicable e innegable también quiere hacer cosas increíbles en tu vida. De hecho, creo que cada verdadero seguidor de Cristo tiene su propia historia de algún tipo, un lugar donde Dios los encontró. Un momento en que Dios confirmó su amor por ellos. Un lugar en el tiempo cuando Dios los abrazó y dijo: "Estoy aquí".

Al saber lo que Dios hizo por mí, siempre me he preguntado cómo podría pagarle. Aunque trato de hablar y compartir acerca de Él, sé que no hay nada que pueda hacer para pagarle de vuelta. Pero ese es todo el punto. Jesús lo ha hecho. Jesús ya se ha encargado de eso por todos nosotros. Igual que sostenía a mi hijo en su regazo, también anhela abrazarte a ti en el Cielo.

MI ORACIÓN PARA TI

Estoy orando para que reconozcas que tu Dios Creador es real, y que Él te creó para un propósito. Estoy orando para que la comprensión, que creo que ya has tenido, aumente en ti para tener el sentido de responder a Dios. Creer en Dios y que eso no cambie tu vida no tiene sentido. Quiero que tu corazón se vuelva completamente a Dios. Debido a esto, estoy orando el Salmo 119:73 para ti: *"Tú me hiciste; me creaste. Ahora dame la sensatez de seguir tus mandatos"*.[4]

Estoy orando para que este libro te haya ayudado a meditar sobre la dirección de tu vida, y que estés decidido a seguir verdaderamente a Dios. Creo que ahora es el momento de que digas: "No vuelvo atrás", seas nuevo en la fe o sea que has creído antes, pero simplemente no has estado tomando a Dios lo suficientemente en serio. Por eso también oro el Salmo 119: 59 por ti: *"Consideré el rumbo de mi vida y decidí volver a tus leyes".*[5]

¿Estás listo para que Dios sea más real que nunca en tu vida? Cree en él, porque si hay algo de lo que estoy seguro, es que Dios es real.

> Clamo al SEÑOR;
> ruego la misericordia del SEÑOR.
>
> Expongo mis quejas delante de él
> y le cuento todos mis problemas.
>
> Cuando me siento agobiado,
> solo tú sabes qué camino debo tomar.
>
> Vaya adonde vaya,
> mis enemigos me han tendido trampas.
>
> Busco a alguien que venga a ayudarme,
> ¡pero a nadie se le ocurre hacerlo!
>
> Nadie me ayudará;
> a nadie le importa un bledo lo que me pasa.
>
> Entonces oro a ti, oh SEÑOR,
> y digo: «Tú eres mi lugar de refugio.
>
> En verdad, eres todo lo que quiero en la vida.
> (Salmo 142: 1-5 NTV)

NOTAS

CAPÍTULO 3

1. Juan 1:5 NTV

CAPÍTULO 4

1. Marcos 10:19 NTV

CAPÍTULO 5

1. Génesis 3:6 NTV
2. Génesis 3:7 NTV
3. 1 Reyes 19:9 NTV
4. Génesis 3:12 NVI
5. Marcos 14:30 NTV

CAPÍTULO 6

1. Mateo 23:13 NTV
2. Lucas 13:15-16 NTV
3. Mateo 21:29-31 NTV
4. Mateo 21:23 NTV
5. Mateo 21:31-32 NTV
6. NTV
7. Hechos 11:26 NTV
8. 2 Pedro 1:4 NTV
9. Jeremías 29:11-12 NTV
10. Isaías 46:4 NTV
11. Mateo 11:28 NTV

CAPÍTULO 7

1. NVI

2. Jeremías 29:13 NVI

3. Albert Bigelow Paine, *Mark Twain, A Biography: The Personal and Literary Life of Samuel Langhorne Clemens*, vols. 3 y 4 (Nueva York: Harper & Brothers, 1912), 1 567.

CAPÍTULO 8

1. Romanos 6:6 NTV
2. Romanos 6:12 NTV

CAPÍTULO 9

1.   NTV
2. Génesis 12:3 NVI
3. Génesis 22:18NVI
4. Zacarías 8:13NVI
5. Ver Isaías 7:14, Miqueas 5:2, y Oseas 11:1
6. Ver Jeremías 31:15, Isaías 11:1 e Isaías 9:1-2
7. Ver Salmos 41:9, Zacarías 11:12-13, y Salmo 22:7-8
8. Ver Salmo 22:16 y Zacarías 12:10
9. Ver Salmo 22:18
10. Lucas 1:30-33 NTV
11. Lucas 24:13 NTV
12. Lucas 24:17 NTV
13. Lucas 24:19-24 NTV
14. Ver Isaías 7:14, Miqueas 5:2, y Oseas 11:1
15. Ver Jeremías 31:15, Isaías 11:1 e Isaías 9:1-2
16. Ver Salmos 41:9, Zacarías 11:12-13, y Salmo 22:7-8
17. Ver Salmo 22:16-18 y Zacarías 12:10
18. Lucas 24:32 NTV

CAPÍTULO 10

1. Mateo 7:9-11 NVI
2. Juan 14:1-2 NVI
3. Proverbios 3:5 NVI
4. Filipenses 4:7 NVI

CAPÍTULO 11

1. Lucas 23:41-42 NTV
2. Lucas 23:43 NTV
3. Salmo 90:8 NTV
4. Hebreos 12:1-2 NVI

CAPÍTULO 12

1. Historia usada con permiso.
2. Lucas 6:43 NVI
3. Como se cita en Nancie Carmichael, *Praying for Rain: Surrender & Triumph in Life's Desert Experiences* (Nashville: Thomas Nelson, 2001).
4. Hebreos 10:24 NVI

CAPÍTULO 13

1. La historia de los impuestos de Jesús y César está en Mateo 22:15-22. Las citas utilizadas aquí son de la versión NVI.
2. Jeremías 29:7 NVI
3. 2 Crónicas 20:12 NVI
4. Daniel 1-2
5. Mateo 6:10 RVR1960
6. Colosenses 1:13 NTV

CAPÍTULO 14

1. Josué 2:15
2. Josué 3:15
3. Consultado el 18 de marzo de 2017, en http://creation.com/the-walls-of-jericho # r4
4. Josué 2:11b NVI
5. Josué 2:10 NVI
6. Josué 2:9b, 2: 11a NVI
7. Josué 2:9a NVI

CAPÍTULO 15

1. Consultado el 13 de marzo de 2017 desde https://www.youtube.com/ watch? V = v0_2hLKuCBU
2. Apocalipsis 12:11 NTV
3. 2 Corintios 12:9a NTV
4. Consultado el 18 de marzo de 2017, en http://www.gutenberg.org/files/18269/18269-h/18269-h.htm
5. Juan 9:25 NVI
6. Lista citada y adaptada de David Drury, *Transforming Presence: How Being with Jesus Changes Everything* (Wesleyan Publishing House, 2016), 160-61. Todos los derechos reservados. Usado con permiso.

CAPÍTULO 16

1. 1 Pedro 3:15b NVI
2. Filipenses 1:7b NVI
3. Tito 1:9 NVI

CAPÍTULO 17

1. Consultado el 13 de marzo de 2017, en http://www.vanityfair.com/news/2015/12/martin-shkreli-pharmaceuticals-ceo-interview
2. Consultado el 13 de marzo de 2017, en http://time.com/4510707/martin-shkreli-auction-face-punch
3. Consultado el 13 de marzo de 2017, en http://www.vanityfair.com/news/2015/12/martin-shkreli-pharmaceuticals-ceo-interview
4. Apocalipsis 21:5a NTV
5. Ver el proyecto de Isacar.

CAPÍTULO 18

1. Romanos 8:28 NVI
2. Kurt Vonnegut, *Bagombo Snuff Box: Uncollected Short Fiction* (Nueva York: G. P. Putnam's Sons, 1999), 9-10).

CAPÍTULO 19

1. Juan 16:33 NVI
2. Apocalipsis 21:3-5 NTV
3. 1 Juan 4:4 NVI
4. RVR1960
5. Job 4:17-21 NTV
6. Job 4:12 NTV
7. Job 4:13-18 NTV
8. "Obedeceré tus decretos. ¡Por favor, no te rindas!" - Salmos 119:8 NTV
9. Santiago 1:16-17a NTV
10. Mateo 5:45 NTV

CAPÍTULO 20

1. NTV
2. NVI
3. Max Lucado, *A causa de Belén* (Nashville: Thomas Nelson, 2016), 123.
4. Apocalipsis 3:20 NTV

CAPÍTULO 21

1. Todos los pasajes utilizados en este capítulo provienen de la NTV.

CAPÍTULO 22

1. NTV
2. 2 Corintios 7:8-10 NTV
3. Lucas 7:12-15 NTV
4. NTV
5. NTV

ACERCA DE LOS AUTORES

Todd Burpo es el pastor de Crossroads Wesleyan Church en Imperial, Nebraska. Fue ordenado en 1994. Es el autor de los éxitos de ventas *El cielo es real*, *El cielo es real para niños*, y *Heaven is for Real for LittleOnes*. Es también el coautor, junto con su esposa, Sonja, de *El cielo lo cambia todo*. Todd trabaja como bombero con el Departamento de Bomberos Voluntarios de Imperial. Es el capellán de la Asociación Estatal de Bomberos Voluntarios de Nebraska. Ha entrenado lucha libre, y ha formado parte de la junta escolar local.

David Drury es el autor o coautor de nueve libros, incluidos *Transforming Presence*, *Being Dad* y *SoulShift*. David ha sido jefe de personal de la sede de la Iglesia Wesleyana desde 2012, y se puede encontrar en línea en DavidDrury.com